생성형 AI와 워터마크

AI문고

인공지능 시대입니다. 기계가 인간의 인지를 대신하고, 사물이 인간을 통하지 않고 다른 사물과 직접 커뮤니케이션합니다. 이에 따른 인간 삶과 문명 변화를 정확히 이해·예측·대응하는 것은 이 시대 우리 모두의 과제입니다. AI문고는 인공지능 기술과 환경의 여러 주제를 10가지 키워드로 정리합니다. 관련 개념과 이론, 학계와 산업계의 쟁점, 우리 일상의 변화를 다룹니다. 인간과 기술의 현재, 미래를 세심히 분석합니다.

일러두기

- 인명, 작품명, 저서명, 개념어 등은 한글과 함께 괄호 안에 해당 국가의 원어를 병기했습니다.
- 외래어 표기는 현행 어문규정의 외래어표기법을 따랐습니다. 다만 '딥마인드', '딥시크', '딥페이크' 등은 관행을 따랐습니다.

처음이세요?

전문가세요?

생성형 AI와 워터마크

소병수

대한민국, 서울, 커뮤니케이션북스, 2025

생성형 AI와 워터마크

지은이 소병수
펴낸이 박영률

초판 1쇄 펴낸날 2025년 3월 4일

커뮤니케이션북스(주)
출판 등록 2007년 8월 17일 제313-2007-000166호
02880 서울시 성북구 성북로 5-11
전화(02) 7474 001, 팩스(02) 736 5047
commbooks@commbooks.com
www.commbooks.com

ISBN 979-11-7307-580-3 03500

책값은 뒤표지에 표시되어 있습니다.

차례

생성형 AI와 워터마크

인공지능 기술에 대한 기대와 우려

우리는 영화를 보며 미래 사회의 모습을 상상하곤 한다. 그중에서 인공지능을 탑재한 로봇이 인류를 위협하는 상황을 소재로 활용하는 영화는 셀 수 없이 많다. 톰 크루즈 주연의 〈미션 임파서블: 데드 레코닝(Mission Impossible: Dead Reckoning Part 1)〉은 AI "엔티티(The Entity)"로 인해 인류가 위험에 처하는 장면을 묘사한다. 엔티티는 스스로 진화하는 초지능형 AI로, 네트워크를 장악하여 글로벌 정보망에 침투하고, 가짜 정보를 퍼뜨리며 전 세계를 혼란에 빠뜨린다. 조작된 정보는 빠르게 퍼지고 인간 사회의 신뢰 체계는 붕괴된다. 그 결과 정부와 개인 모두 통제 불가능한 상태가 된다.

AI 기술은 우리의 삶을 편리하게 하고 산업을 발전시키는 데 중요한 도구로 기대되고 있다. AI가 에이전트(agent, 비서)로서 업무를 보조하고, 정해진 시간 내에 가장 효과적이고 적절한 방안(best practice)을 제안한다. 심지어 우리의 감정을 분석하여 심리 상담을 해 주는 서비스까지 등장했다.

AI 기술의 급속한 발전은 우리 사회에 혁신적인 변화를 가져올 잠재력을 지니고 있지만, 동시에 간과할 수 없는 심각한 위험성을 내포하고 있다. 우리는 AI 기술이 가져다줄 편리함을 기대하지만, 기술의 안전성과 잠재적 부작용에 대한 인식이 부족한 것이 현실이다. 이러한 인식 부족은 기술의 잘못된 사용이나 예상치 못한 결과를 초래할 수 있다.

AI는 부정확하거나 편향된 데이터로 학습될 경우, 불공정한 결정을 내릴 수 있으며, 이는 채용, 공공 서비스, 금융, 사법 판단 등 사회 전반에 걸쳐 잘못된 결과를 가져올 수 있다. 예를 들어 과거의 차별적인 고용 데이터를 학습한 AI는 특정 성별이나 인종에 불리한 채용 결정을 내릴 수 있으며, 이는 사회적 불평등을 심화시키는 결과로 이어진다. 또한 신용 평가 모델에 편향된 데이터가 사용될 경우, 특정 계층의 사람에게 불리한 대출 조건을 제시하거나 대출 자체를 거부하는 결과를 초래할 수도 있다.

더욱 심각한 문제는 스스로 학습하고 진화하는 AI가 인간의 이해 범위를 넘어선 방식으로 작동하며, 통제 불능 상태에 이를 수 있다는 점이다. 현재는 비교적 단순한 작업을 수행하는 AI가 대부분이지만 미래에는 더욱 복잡하고 자동적인 AI 시스템이 등장할 것이다.

앞으로 AI가 스스로 학습하고 문제를 해결하는 능력을 갖추게 되면서 인간이 예상하지 못하는 방식으로 작동하거나 인간의 통제를 벗어나는 행동을 할 수도 있다. 만약 AI가 통제 불능 상태에 이르게 된다면, 단순히 허위 정보 확산이나 사이버 공격과 같은 위협뿐만 아니라 사회 시스템의 근간을 흔드는 심각한 문제로 이어질 수 있다.

따라서 AI 기술의 양면성을 명확히 인식하고, 안전하고 윤리적인 사용을 위한 노력은 필수다. AI의 편향성, 예측 불가능성, 통제 불가능성과 같은 위험에 대한 연구와 함께 안전을 담보할 수 있는 기술적, 제도적 장치 마련이 필요하다.

이를 위해서는 AI의 의사 결정 과정을 투명하게 만들고, 편향성을 제거하기 위한 알고리즘 개발, AI의 오작동이나 악용을 방지하기 위한 안전장치 마련, AI 관련 법규 제정 및 사회적 합의 등이 필요하다. 이러한 노력이 뒷받침되지 않으면 AI 기술은 인류에게 축복이 아닌 재앙으로 다가올 수 있으며, 우리의 미래를 위협하는 존재가 될 수도 있다. 따라서 우리는 AI 기술 발전을 기대함과 동시에 그 이면에 숨겨진 위험성을 충분히 이해하고 있어야 한다.

국제적 대응: 미국, 유럽, 일본

해외에서는 인공지능 기술로 발생 가능한 위협에 대응하기 위해 발 빠른 조치를 취하고 있다. 국가별 산업 형태나 특징에 따라 문제 해결 방식에는 조금씩 차이가 있지만, 규제와 가이드라인 등을 마련하려는 공통된 기조가 나타난다. 이 과정에서 흥미로운 이슈도 등장했다.

미국은 2023년 10월, 안전하고 신뢰할 수 있는 AI 개발 및 사용을 위한 행정 명령(Executive Order 14110)을 발표하면서 AI 거버넌스에 대한 국가적 접근 방식을 명확히 했다. 이 행정 명령은 AI 산업 내 경쟁 촉진, AI 기술로 인한 시민 자유 및 국가 안보에 대한 위협 방지, AI 분야에서 미국의 글로벌 경쟁력 유지를 목표로 한다. 또한 주요 연방 기관에 최고 AI 책임자(chief AI officer) 직책을 신설하도록 하고 AI 모델 개발에 대한 정책적 안전장치의 필요성을 강조했다.

그러나 2025년 1월 도널드 트럼프 대통령이 취임하면서 바이든 행정부의 AI 정책 방향과 대조적인 행보를 보이고 있다. 트럼프 대통령은 바이든 행정부의 행정 명령

14110을 포함한 기존 AI 정책 및 지침을 폐기(revoke)하고 새로운 접근을 하고 있다. 이는 미국의 AI 혁신에 대한 장벽을 제거하고 AI 분야에서 미국의 글로벌 리더십을 유지 및 강화하는 데 초점을 맞추고 있다. 특히 AI 시스템이 이념적 편향이나 사회적 의제에 휘둘리지 않도록 개발되어야 하며, '인간 번영, 경제 경쟁력, 국가 안보'를 증진하는 방향으로 AI 개발을 유도하는 방식이다.

민간 분야에서도 발 빠른 대응이 이루어지고 있다. 2025년 미국의 주요 IT 기업들은 AI 기술의 발전과 함께 발생할 수 있는 윤리적, 사회적 문제에 대해 자체적인 대응책을 마련하고 있다. 예를 들어 오픈AI(OpenAI)는 자체적으로 초지능 AI의 통제 가능성을 연구하겠다고 발표했지만, 일각에서는 기업의 자율적인 통제 노력에 대해 "늑대가 양치기를 자처한다"는 비판적인 시각을 제기하고 있다.

또한 생성형 AI 모델을 개발한 구글, 메타, 미드저니, 스태빌리티 등의 기업은 저작권 침해 의혹을 받고 있다. 이 기업들은 AI 학습 과정에서 다양한 정보를 참고했을 뿐 저작자의 권리를 침해하는 수준은 아니라고 주장하며 법적 책임을 회피하려는 움직임을 보이고 있다. 이러한 상황 속에서 AI 기술의 윤리적 사용과 저작권 보호에 대한 논쟁은 더욱 심화될 것으로 예상된다.

유럽 연합(EU)은 AI 규제의 선두에 서 있다고 평가된다. 다시 말하자면 가장 강력한 규제 정책을 펴고 있다. 2024년 8월 EU는 세계 최초로 AI 규제 법안인 「AI 법(Artificial Intelligence Act)」을 마련했다. 이 법의 전면 시행은 2026년 8월부터이나 일부 규정은 단계적으로 먼저 시행될 예정이다.

특히 원천 기술 금지 규정은 법 발효 6개월 후인 2025년 2월부터 적용된다. 예를 들면 공공장소에서 무차별적으로 얼굴 이미지를 수집하여 얼굴 인식 데이터베이스를 구축하는 AI, 직장에서 근로자의 감정을 분석하여 생산성을 평가하는 AI 등이 금지된다.

범용 AI에 대한 의무 규정은 12개월 후인 2025년 8월부터 적용된다. 그 대상은 지피티-4(GPT-4)와 같은 거대 언어 모델(LLM, Large Language Model)처럼 텍스트 생성, 번역 등 다양한 작업이 가능한 범용 AI다. 따라서 이러한 모델을 개발하는 기업은 모델의 기술 문서를 작성하고 저작권 정책을 준수해야 할 의무가 생긴다.

이에 따라 AI 기술을 활용하여 EU 시장 진출을 모색하는 IT 기업들의 전략 수정이 불가피해졌다. 특히 '위험성이 높은 AI 시스템'에 대한 전면 금지 조치가 시행됨에 따라 AI 기업들도 중요한 시험대에 직면할 것이라는 전망이 나오고 있다.

AI의 활용 범위가 빠르게 확장되는 상황에서 EU의 조치는 개인의 프라이버시 보호와 AI의 윤리적 사용을 강화하려는 의도가 반영된 것으로 분석된다. IT 업계에서는 향후 '고위험'으로 분류된 AI 시스템에 대한 규제 역시 단계적으로 강화될 것으로 예상하며, EU 시장 진출을 목표로 하는 기업들은 이러한 변화에 발맞춰 기술 개발 및 사업 전략을 수립해야 할 것이다.

일본은 AI 기술의 육성과 진흥을 위한 노력과 함께 이 기술이 내포한 위험성에 대응하는 정책을 펴고 있다. 2024년 8월부터 'AI 제도 연구회'를 운영하며 이에 필요한 법규 방향에 대한 검토를 시작했는데, 이는 미국, EU 등 주요 국가의 AI 규제 움직임에 발맞추는 행보로 해석된다. 또한 AI 법 도입은 2025년 상반기에 추진될 예정이다. 이 법안은 AI의 리스크(risk)를 고려하면서도 국제 경쟁력 향상과 투명성을 확보한 적정한 연구 개발 및 활용을 목표로 삼고 있다.

일본은 미국의 AI 산업 육성과 진흥 전략, 그리고 유럽의 규제를 중심으로 하는 측면을 골고루 포함하는 접근 방식을 취하고 있다. 대표적인 사례로 '사람 중심 AI'를 강조하며 AI가 인간과 협력하는 방향을 장려하고, 고령화 문제 등의 해결을 위해 AI 기술 개발에 투자를 확대하려는 계획을 갖고 있다.

2019년 "인간 중심의 AI 사회 원칙"을 바탕으로 내각부를 중심으로 한 실천적인 가이드라인을 공표하며, AI 전략 회의를 통해 AI 이용 및 리스크, 개발에 관한 논의를 이어 왔다. AI 사회의 기본 가치로 인간 존엄성, 다양성, 지속 가능한 사회를 제시하며 인간 중심, 안전, 공정성 등 열 가지 공통 원칙을 중심으로 가이드라인을 구성하고 있다. 이러한 정책은 AI 기술이 사회 전체의 이익에 기여하도록 유도하고, 인간의 존엄성과 다양성을 존중하는 AI 사회를 구축하는 데 목표를 두고 있다.

일본 정부는 2016년에 발표한 '소사이어티 5.0 (Society 5.0)' 정책과 연계하여 2030년까지 반도체와 AI 분야에 막대한 공적 자금을 투입할 계획이며, 일본의 로봇 산업을 지속적으로 성장시키기 위한 방안을 내놓고 있다.

일본 정부는 AI 기술의 잠재력을 최대한 활용하면서도 발생 가능한 위험을 최소화하기 위해 다양한 정책적 노력을 기울이고 있다. AI 개발자와 사용자에게 윤리 가이드라인을 제시하고 개인 정보 보호 및 데이터 보안을 강화하는 방안을 모색하고 있으며, AI 전략회의를 통해 AI의 안전성 확보를 위한 법 규제 검토를 시작했다. 이러한 노력은 기술 혁신을 저해하지 않으면서 사회적 안전망을 구축하려는 일본 정부의 의지를 보여 준다.

국내의 대응

우리나라에서는 2024년 12월 26일 「인공지능 발전과 신뢰 기반 조성 등에 관한 기본법」(이하 「인공지능기본법」)이 국회에서 통과되었다. 이 법은 AI 기술의 진흥과 규제를 동시에 추진하는 내용을 담고 있다. 이러한 입법적 노력과 함께 정부는 '대한민국 디지털 전략'과 'AI 반도체 2030 프로젝트'를 통해 AI 기술 개발과 산업 생태계 활성화에 주력하고 있다. 또한 2023년부터 AI 윤리 기준을 재정비하고 「개인정보보호법」 개정을 거듭하면서 AI 활용 과정에서의 개인 정보 침해를 예방하려는 노력도 하고 있다. 그러나 기술이 발전하는 속도에 법 제도가 발 빠르게 따라가지 못하는 현실 속에서 예측하지 못한 사회 문제가 발생하는 등 많은 어려움이 발생하고 있다.

무엇보다 가장 많은 고민이 필요한 문제는 규제와 기술 육성 및 진흥의 균형을 맞추는 것이다. 정부는 AI 기술 혁신을 지원하기 위해 다양한 정책을 발표하고 있지만 스타트업과 중소기업이 AI 시장에 진입하는 데 어려움을 겪는다는 지적도 있다. 구체적으로 규제 준수 비용 부담, 데이터 활용 제한, 우수 인력 확보 문제, 자금 조달의 어려움 등이 있다.

AI 관련 규제를 준수하기 위한 비용이 중소기업과 스타트업에 큰 부담으로 작용하고 있다. 이는 결국 기술 개발 및 사업 확장에 투자할 여력이 줄어드는 원인이 된다. 중소기업과 스타트업을 위한 데이터 활용 특례를 마련하거나 과징금 등 규제를 완화하는 대신 혁신적인 서비스 개발을 유도할 수 있다. 또한 AI 전문 인력 부족 현상이 심화되는 가운데 중소기업과 스타트업은 대기업에 비해 우수 인재를 유치하기 어려워 기술 경쟁력 확보에 어려움을 겪을 수 있다.

규제적인 법 조항에 저촉될 수 있다는 두려움으로 연구자와 개발자가 개발 시도를 포기하거나 유망한 AI 연구 분야를 탐구하는 것을 포기하게 만들 수 있다. 그 결과 기술 진보가 지연되고 사회적 편의, 효율을 극대화하기 위한 AI 기술 개발이 제한될 수 있다.

대기업이 범정부 AI 기반 구현 사업에 참여할 수 있게 되면서 중소 소프트웨어 기업과의 경쟁이 더욱 심화될 것이라는 우려도 제기된다. 이러한 상황은 AI 스타트업 생태계의 혁신에 걸림돌로 작용할 수 있고, 장기적으로 AI 산업의 경쟁력을 약화시킬 수 있다는 우려를 낳는다. 따라서 정부는 중소기업과 스타트업이 AI 시장에 성공적으로 진입하고 성장할 수 있도록 규제 완화, 자금 지원, 인력 양성 등 다각적인 지원 정책을 마련해야 할 것이다.

전문가들은 우리나라가 AI 기술의 글로벌 경쟁력을 확보하기 위해 체계적인 규제 시스템과 더불어 연구 개발(R&D)에 대한 적극적인 투자가 필요하다고 강조한다. 특히 유럽이나 미국이 AI 법안과 윤리 지침을 통해 안전성과 신뢰를 확보하며 글로벌 리더로 자리매김한 점을 참고해야 한다. 우리나라도 고령화 사회에 진입 중인 만큼 일본이 고령화 문제를 해결하기 위한 AI 활용에 집중하며 자국 특성에 맞는 전략을 세우고 있는 사례를 참고해야 한다.

우리나라는 AI 기술 개발 역량이 강점으로 평가받지만 정책의 일관성과 실행력을 꾸준히 유지해야 한다. 기술 진흥과 규제를 효과적으로 조화시키기 위한 정책적 혁신과 장기적인 비전이 절실한 시점이다.

책의 구성

이 책에서는 먼저 AI 기술을 이해하고 이 기술로 어떠한 일을 할 수 있는지 사례를 들어 설명한다. AI 기술이 제공하는 편리성과 안전성을 극대화하기 위해서 어떤 추가적인 조치가 필요한지 알아본다. 업무를 빠르고 효율적으로 할 수 있게 된 상황에서 정보의 보안과 안전한 관리 방법도 중요해졌다. 특히 악의적인 의도나 불법적인 목적으로 AI 기술이 활용될 경우에 대비하여 유용한 대응 방안을 살펴본다.

인간이 만든 정보와 AI가 생성한 정보를 구별하기 어려운 혼동 문제가 심각하게 대두되고 있다. 이는 허위 정보 확산, 저작권 침해, 신뢰성 저하 등의 문제를 야기하며 사회적 혼란을 초래한다. 이러한 문제를 해결하기 위한 방안으로 워터마크 기술이 왜 주목받는지 그 이유를 들여다본다.

워터마크는 AI가 생성한 콘텐츠에 출처를 표시하거나 저작권 정보를 삽입해 추적 가능성을 높이는 역할을 한다. 이는 허위 정보와 창작물의 무단 사용을 방지하며, 정보의 신뢰성을 확보하는 데 기여한다. 해외에서는 이미 디지털 워터마크 기술을 활용하여 AI 콘텐츠의 출처를 관리하는 사례가 존재한다. 공공 기관과 기업들도 다양한 형태로 워터마크 기술을 활용해 정보의 진위 여부를 판단할 수 있도록 노력하고 있다.

우리나라에서도 이와 같은 보호 기술을 도입하고 확산시키기 위한 움직임이 생기고 있다. 최근 AI 윤리 기준과 정보 출처 관리 제도가 마련되었지만, 실효성이 부족하다는 지적이 있다. 워터마크 기술의 적용을 위한 구체적인 정책 방향의 제시가 필요하다.

워터마크 기술 자체가 가진 태생적 한계도 고려해야 한다. 워터마크가 제거되거나 조작될 가능성이 존재하며 완벽한 추적과 관리가 어려울 수 있다. 이를 보완하기 위해 블록체인 기술과 같은 추가적인 보안 기술과의 연계가 필요하다. 앞으로 워터마크 기술은 신뢰성과 보안성을 강화하는 방향으로 발전해야 하며 이를 통해 국내 정책과 제도가 AI 활용의 새로운 기준을 제시할 수 있도록 해야 한다.

독자에게 드리는 메시지

AI 기술은 우리 사회와 산업 발전에 크게 기여할 것으로 기대된다. AI 기술은 콘텐츠 창작, 데이터 마이닝, 의료 기술 등 다양한 분야에서 혁신을 주도하고 있다. 그러나 이러한 기술의 발전과 함께 허위 정보의 확산, 저작권 침해, 불법적 이용 사례 등 다양한 위험이 부각되고 있다. 따라서 AI 기술 육성과 동시에 이를 안전하게 활용할 방안을 찾는 것이 필수다.

워터마크 기술의 활용이 하나의 해결책으로 주목받고 있다. 전통적으로 보안 자료 관리나 사진 보호에 활용되는 방식을 넘어서 불법 복제 방지 기술, 가짜 뉴스 유포 차단 기술 등과 결합하여 복합적인 보호 체계를 구축할 수 있다. 또한 특정 콘텐츠에 보이지 않는 정보를 삽입하여 출처를 확인할 기회를 보장하고 그 결과 불법 복제를 차단하는 역할을 한다. 이러한 다차원적 보호 체계는 생성형 AI가 만든 콘텐츠에도 적용될 수 있다. AI로 생성된 이미지, 텍스트, 음성에 여러 보호 기술과 워터마크를 함께 사용하면 콘텐츠의 보호 가능성은 더욱 향상된다.

해외 선진 AI 강국과의 경쟁에서 뒤처지지 않도록 AI 기술을 발전시키는 동시에 안전하고 편리한 이용 환경을 조성하기 위한 정책 마련이 필요하다. 워터마크 기술은 AI가 생성한 콘텐츠의 책임성을 확보하고, 허위 정보의 확산을 방지하며, 예술과 창작 분야에서의 공정한 이용을 보장하는 도구로 활용될 수 있다. 특히 예술가와 창작자가 AI와 협력하고 저작권과 창작권을 보호받을 수 있도록 법적 · 기술적 장치를 도입해야 한다.

디지털 시대의 워터마크는 단순한 보호 도구를 넘어 신뢰와 투명성을 제공하는 핵심 기술로 자리 잡을 수 있다. 이를 통해 우리나라는 AI 기술의 발전과 안전한 활용을 동시에 이루는 선도적인 모델을 구축해야 한다.

앞으로의 고민

워터마크는 AI 기술이 가져온 정보의 혼란 속에서 신뢰성과 안전성을 확보하기 위한 중요한 도구로 주목받고 있다. 인간과 AI가 생성한 정보를 명확히 구별하지 못하는 문제는 허위 정보 확산과 창작물의 무단 사용으로 이어진다. 이는 심각한 사회적 혼란을 일으킬 것이다. 이러한 상황에서 워터마크는 콘텐츠의 출처를 표시하고 추적 가능성을 제공하며, 저작권 보호와 신뢰 구축에 기여한다.

해외에서는 이미 워터마크를 적극적으로 활용하고 있다. 구글과 오픈AI는 AI가 생성한 콘텐츠에 워터마크를 삽입해 정보의 출처를 관리하고 있으며, 유럽 일부 국가에서도 이를 법적 규제와 연계하려는 움직임을 보이고 있다. 국내에서도 AI 윤리 기준과 관련 제도를 마련하며 워터마크 기술 도입을 논의하고 있다. 그러나 아직 기술적 · 정책적 완성도가 미흡한 상황이며, 여러 콘텐츠에 적용되는 사례도 제한적이라는 아쉬움이 남는다.

이 책에서는 워터마크 기술의 무한한 가능성을 제시했다. 다만 블록체인 연계나 AI 검출 알고리즘 결합 등을 통한 워터마크 기술 한계의 극복은 추가적인 연구 과제로 남아 있다.

워터마크 기술의 미래 전망은 매우 밝다. 앞으로 등장할 기술은 워터마크가 가진 잠재력을 한층 강화해 줄 것이다. 이 책이 앞으로 이어질 많은 논의와 연구에 조금이나마 보탬이 되고, 워터마크 기술의 혁신적인 발전을 위한 촉매제가 되기를 희망한다.

참고문헌

김경숙 · 홍건식(2023). 『바이든 행정부의 첫 인공지능(AI) 행정명령과 시사점』. 국가안보전략연구원.

内閣府 科学技術・イノベーション推進事務局AI戦略(2024). AIに関する暫定的な論点整理. https://www8.cao.go.jp/cstp/ai/index.html

European Parliament(2023). EU AI Act: first regulation on artificial intelligence. https://www.europarl.europa.eu/topics/en/article/20230601STO93804/eu-ai-act-first-regulation-on-artificial-intelligence

The White House(2023). FACT SHEET: President Biden Issues Executive Order on Safe, Secure, and Trustworthy Artificial

Intelligence.
https://www.whitehouse.gov/briefing-room/statements-releases/2023/10/30/fact-sheet-president-biden-issues-executive-order-on-safe-secure-and-trustworthy-artificial-intelligence/

01
AI 기술의 등장

인공지능 기술의 등장으로 우리 사회는 큰 변화에 직면하고 있다. 우리는 이미 일상생활에서 깜짝 놀랄 만한 변화를 체감하고 있으며 기업은 인공지능 기술을 앞다투어 도입하려 한다. 더 나아가 예술과 같은 창의성을 요구하는 분야에도 중요한 도구로 활용되고 있다.

AI와 1인 창업?

인공지능 시대와 창작의 새로운 패러다임

4차 산업 혁명 시대를 맞아 인공지능 기술은 사회 전반에 걸쳐 엄청난 변화를 일으키고 있다. 데이터를 기반으로 하여 초연결성과 초융합을 실현한 AI는 인간의 활동을 여러 방면에서 보조하며 인간을 대체할 수 있는 수준에 이르렀다. 하루가 다르게 발전하는 AI 기술은 우리 삶에 유용성과 편리성을 더하고 있지만, 지금까지 우리가 해 오던 콘텐츠 창작 영역과 창작 방식은 새로운 변화에 직면하게 되었다. AI 기술이 우리에게 가져온 변화를 크게 세 가지 특징으로 정리해 볼 수 있다.

다양성: 창작 환경의 변화와 새로운 가능성

AI는 콘텐츠 창작에 새로운 가능성을 열어 주었다. 예를 들어, 오픈AI가 출시한 챗지피티(ChatGPT)는 거대 언어 모델 기술을 활용한 AI 챗봇으로, 사용자와 자연스럽게 대화하며 다양한 주제에 대하여 응답한다. 이미 많은 기업에서 업무 효율을 향상하기 위하여 사용하고 있고 초·중·고등학교 학생도 보조 학습 수단으로 활용하고 있다.

AI 디자인 도구인 미드저니(Midjourney)는 사용자가 특정 키워드를 입력하면 수십 가지 이미지를 생성해 주며, 사용자는 원하는 스타일의 이미지를 선택할 수 있다. 예를 들어 "강아지, 잔디밭, 푸른 하늘, 호수"와 같은 단어를 입력하면 푸른 초원 위에서 강아지가 뛰노는 이미지를 만들어 주며 여기에 추가로 스타일(1970년대 색감, 스위스나 미국의 대평원과 흡사한 디자인 등)을 지정하여 선택의 폭을 넓혀 준다.

영화나 드라마와 같은 영상 제작 방식도 달라지고 있다. 오픈AI의 소라(Sora)를 활용하면 기존 영상 데이터에 원하는 인물(사용자 본인 또는 유명 연예인 등)을 손쉽게 삽입할 수 있다. 심지어 원하는 성별, 나이, 인종, 체형 등 기본 정보를 입력하면 다양한 가상 인물 예시를 보여 준다.

최근 많은 논란을 일으키고 있는 딥페이크 기술은 실제 또는 가상의 인물 데이터를 영상에 삽입하는 기술로 손쉽게 콘텐츠를 만들어 낸다. 이 기술은 콘텐츠 제작자가 창의적인 콘텐츠를 신속하게 생성할 수 있도록 돕고, 대규모 스튜디오나 전문 인력을 구하기 어려운 상황에서도 높은 수준의 콘텐츠 제작을 가능하게 한다.

AI는 특정 소비층의 관심사와 트렌드를 분석하고 이에 걸맞은 표현 기법을 활용한 스토리를 제안한다. 영화 대본 작성에도 AI가 도입되어 과거의 히트작을 분석하고 흥행 요소를 분석함으로써 대중이 관심을 가질 만한 재미있는 스토리를 만들어 낸다. 이를 통해 1인 미디어나 소규모 제작자도 낮은 비용과 소수의 인력으로 수준 높은 콘텐츠를 기획할 수 있으며, 초기 예상과 달리 흥행에 성공하지 못하더라도 AI가 제공하는 여러 대안을 활용해 재빠르게 후속 작품을 제작할 수 있다.

신속성: 빠른 창작과 대규모 콘텐츠 생산

AI 기술의 또 다른 특징은 빠른 속도로 창작이 가능하다는 점이다. 과거에는 소설, 회화, 음악과 같은 창작물을 만들어 내기 위해 장기간에 걸쳐 노력과 자본을 투입해야 했다. 그러나 고도로 학습된 AI는 짧은 시간 내에 수많은 작품을 생산할 수 있다.

유명 화가가 평생에 걸쳐 남긴 작품의 수는 손에 꼽을 정도이지만 AI가 생성하는 작품의 수는 제한이 없다. AI는 인간이 소요하는 시간 감각과 비교할 수 없을 만큼 빠르게 예술 작품을 완성하기 때문이다.

특히 미디어 콘텐츠에서는 AI를 통해 이미지, 음원, 영상 등의 요소를 빠르게 생성하여 제작 시간을 단축하고 있다. 보통은 촬영, 편집, 음향 삽입에 많은 인력과 시간이 소요되지만 AI의 도움으로 이 과정이 자동화되고 효율화된다. 손쉽고 빠르게 높은 조회 수를 기록하기 위해 유튜브(Youtube)나 틱톡(Tiktok), 인스타그램(Instagram)에서도 AI 기술의 활용이 확대되고 있다.

앞으로 AI 기술은 콘텐츠 제작 산업에서 큰 영향력을 발휘할 것이다. 시시각각 변화하는 트렌드에 신속하게 반응하고 이용자의 관심을 끄는 콘텐츠를 지속적으로 제공하는 것은 매우 중요하다. 따라서 앞으로 콘텐츠 창작을 위해 AI 기술을 얼마나 잘 이해하고 활용하는지가 창작자에게 중요한 키(key)가 될 것이다.

경제성: 창작 비용 절감과 편리성

생성형 AI의 또 다른 특징은 경제성이다. 무료로 사용할 수 있는 서비스는 셀 수 없이 많으며, 전문가용 유료 서비스도 속속 등장하고 있다. 무엇보다도 AI 기반 서비스(이미지 생성, 음성 더빙, 영상 제작 등)의 특징은 이용료가 상대적으로 저렴하다는 점이다.

유료 AI 서비스는 수준 높은 결과물을 빠르게 만들어 낸다는 점을 내세워 대중에게 다가오고 있다. 대표적으로 챗지피티, 미드저니, 신세시아(Synthesia) 등이 있으며 누구나 간단한 회원 가입 절차를 거쳐 약 1만~3만 원 정도의 비용으로 관련 지식을 갖춘 전문가처럼 콘텐츠를 만들 수 있다.

기술 이용에 따른 경제적 부담이 크지 않아 거대 미디어 그룹이나 방송사처럼 많은 자본과 인력을 보유하기 어려운 소규모 기업이나 개인 창작자도 AI를 활용해 수준 높은 콘텐츠를 제작할 수 있게 되었다. AI 기반 플랫폼이 제공하는 다양한 기능을 활용하면 개인 창작자도 경제적으로 콘텐츠를 기획하고 제작할 수 있기 때문이다.

이처럼 AI 기술은 콘텐츠의 퀄리티(질적 수준)와 경제성이라는 두 마리 토끼를 잡게 해 줌으로써 창작의 패러다임을 바꾸고 있다. AI 기술은 콘텐츠 제작자에게 다양한 아이디어와 경제적 효율성을 동시에 제공하며 창작 활동의 문턱을 낮추고 있다. 앞으로는 AI 기술을 활용한 창작 활동의 범위나 기회는 더욱 확장될 것으로 보인다. 이전까지는 거대 자본력과 많은 전문 인력의 보유가 콘텐츠 제작 산업의 중요한 요건이었다. 그러나 앞으로는 AI 기술을 적절히 활용할 수 있어야 대중의 눈을 사로잡는 콘텐츠를 제작할 수 있을 것이다.

AI가 가져올 경제적인 효율성은 1인 미디어부터 대규모 미디어 분야까지 아우르며 창작 환경 전반을 새롭게 재편할 것이다. 앞으로도 AI 기술이 제공하는 도구와 플랫폼을 활용하여 창작물의 종류와 형태는 계속 늘어날 것이며, 창작자는 이러한 기술 도구를 통해 더 풍부하고 다채로운 작품을 대중에게 선보일 수 있을 것이다.

참고문헌

소병수(2023). 미디어 영역에서 인공지능(AI) 기술의 확산과 제문제 – AI 창작물의 혼동 및 권리침해 방지를 위한 워터마크 등 식별조치를 중심으로. ≪원광법학≫, 제39권 제3호, 27~47.

Deloitte(2024). *Now decides next: Insights from the leading edge of generative AI adoption.* Deloitte's State of Generative AI in the Enterprise Quarter one report.

Midjourny(2024). 이미지 생성 방식과 적용 기술 설명. https://docs.midjourney.com/docs/model-versions

Open AI Platform(2024). ChatGPT의 기술적 소개. https://platform.openai.com/docs/overview

02

생성형 AI 콘텐츠의 종류

생성형 AI는 간단한 명령어로 텍스트, 이미지 등 다양한 형태의 콘텐츠를 손쉽게 제작할 수 있게 해 준다. 생성형 AI는 보고서, 이메일, 블로그, 기사 등 다양한 문서 작성 업무에 활용되고 있다. 최근에는 소설, 시, 노래 가사 등을 창작하는 데 활용되기도 한다. 생성형 AI를 활용해 만드는 콘텐츠의 종류와 특징을 알아본다.

AI와 MBTI?

글쓰기

생성형 AI의 대표적인 활용 사례로 글을 써 주는 텍스트(text) 생성이 있다. 대화형 AI 챗봇, 블로그 글 작성, 신문 기사 작성, 소설 창작 등 다양한 형태의 텍스트 콘텐츠가 그 예다. 주로 거대 언어 모델을 사용해 만들어지며, 이 모델은 방대한 텍스트 데이터를 학습해 사람처럼 문장을 이해하고 생성할 수 있다.

이미 생성형 AI는 보고서, 이메일, 블로그, 기사 등 다양한 문서 작성 업무에 활용되고 있다. 그리고 긴 글을 간결하게 요약해 주는 요약 기능도 있다. 예를 들어 뉴스 기사를 주요 키워드를 중심으로 짧게 요약해 주는 서비스는 독자가 시간을 절약하면서도 놓치고 싶지 않은 정보를 쉽게 파악할 수 있게 도와준다.

최근에는 소설, 시, 노래 가사 등을 창작하는 데 활용되기도 한다. AI는 완성도 높은 문학 작품을 생성하고, 작가의 작품 활동을 위한 참고 자료로 활용되거나 새로운 아이디어를 얻는 일에도 도움을 준다.

생성형 AI 기술은 챗봇(chatbot) 서비스에도 적용되고 있다. 챗봇은 인간을 대체하여 고객 서비스, 교육, 상담 등 다양한 분야에서 사용된다. 또한 AI 모델에 데이터(전문 지식)를 추가로 학습시켜 특정 작업에 맞게 성능을 최적화하는 파인튜닝(Fine-tuning) 단계를 거치면 고객의 질문에 대해 더 정확한 답변을 제공하며 고객 만족도 역시 향상된다.

이미지

이미지 생성 AI는 창작을 위해 필요한 기본적인 요구 사항을 입력하는 방식으로 다양한 스타일의 이미지를 생성할 수 있는 도구다. 예를 들어 "푸른 하늘", "단풍나무", "얼룩소", "초원"을 입력하면 이 단어를 적절히 조합한 이미지가 생성된다. 만약 마음에 들지 않아 '재시도(Retry)' 기능을 사용하면 순식간에 또 다른 이미지가 제시된다.

이러한 생성형 AI 기술은 광고, 마케팅, 게임, 예술 등 여러 분야에서 활용되고 있다. 기존에는 광고나 영상 제작 등 상업적인 목적으로 연예인이나 스포츠 스타의 모습을 사용하고자 할 때, 해당 인물에게 사전에 허락을 구하고 일정 비용을 치러야 했다.

그러나 이제는 유명인을 모델로 사용하기 위해 번거로운 절차를 거치거나 큰 비용을 들이지 않고도 AI 기술로 손쉽게 업무를 처리할 수 있다. 대표적으로 생성형 AI 기술인 달리(DALL-E), 미드저니, 스테이블 디퓨전

(Stable Diffusion) 등을 활용해 최신 트렌드와 대상 고객 연령대에 맞는 가상 모델을 생성해 내면 되기 때문이다.

콘텐츠 편집 영역도 큰 변화를 맞이하고 있다. 지금까지는 하나의 이미지를 디자인하고 수정하는 데 숙련된 전문가의 노력이나 센스가 필요했다. 그러나 이제는 생성형 AI 기술을 통해 사람의 얼굴, 자연 경관, 제품 사진 등 다양한 종류의 이미지를 생성하거나 보정할 수 있다. 특히 건축물이나 신차 디자인 등 미래에 완성될 결과물에 대한 가상의 모델링이나 앞으로 기획하려는 게임의 후속작 개발에 유용하게 활용된다.

마케팅 분야에서도 인간이 일일이 개입하지 않아도 일정 기간(연말연시, 명절 등) 또는 시간마다 상품의 이미지가 약간씩 변화되도록 추가 설정을 해 두면, 해당 이미지가 자동으로 변화하여 노출되면서 이용자의 이목을 사로잡을 수 있다.

소리와 음악

소리나 음악을 생성하는 AI는 콘텐츠 제작자가 원하는 음색이나 스타일에 맞춰 결과물을 만들어 낸다. 이 기술은 제작하려는 콘텐츠의 목적에 맞는 멜로디나 음원을 작곡하는 데 유용하다. 특히 엔터테인먼트와 미디어 산업에서 활발한 활용이 기대되며 팟캐스트, 게임, 광고 등에 적용이 확대되고 있다.

AI는 영화나 애니메이션 더빙, 오디오북 내레이션 등에 사용되며 감정이나 억양까지 섬세하게 표현할 수 있다. 과거에 녹음된 인물의 목소리나 노래를 가지고 새로운 음원으로 만들어 낼 수 있다. 실제로 TV 프로그램에서 이미 세상을 떠난 유명 인물(가수 故 김광석)의 생전 목소리 데이터를 활용해 말을 하거나 최근에 유행하는 노래를 부르게 한 적도 있다.

음원은 저작권으로 보호되는 경우가 많다. 유명 가수가 부른 노래를 허락 없이 함부로 사용하면 저작권 침해 문제로 이어지게 된다. 이러한 문제를 해결하기 위해 원하는 분위기의 음원을 생성형 AI 기술을 활용해 직접 만들 수 있다. 원하는 음원을 만들기 위해 AI에 키워드를 입력하면 특정 장르나 분위기에 맞는 음악을 작곡할 수 있다. AI 음악 생성 모델은 기존 음악을 학습해 익숙하거나 새로운 멜로디, 리듬, 장르로 작곡한다. 이렇게 만들어진 음원은 광고 음악, 게임 배경 음악, 유튜브 배경 음악, 다양한 효과음으로 큰 문제 없이 사용할 수 있다.

영상

비디오를 만드는 생성형 AI는 짧은 동영상부터 영화까지 다양한 영상을 제작할 수 있다. 비디오 콘텐츠는 소셜 미디어, 광고, 교육 등 여러 분야에서 점점 중요한 콘텐츠 형태로 자리 잡고 있다.

최근에는 가상 인물이나 아바타를 내세워 마치 실존 인물처럼 설명하거나 연기를 하는 데에도 활용된다. 가상 캐릭터가 극 중에서 필요로 하는 인물의 표정을 만들어 내기 위해 다양한 인물의 표정을 학습하고 자연스러운 동작을 취할 수 있도록 정보를 조합해 나간다.

무엇보다도 AI 기술이 영상 제작 분야에 가져올 획기적인 변화는 제작자나 연기자가 실제로 현장에 나가서 촬영하지 않아도 된다는 점이다. 편집실에서 생성형 AI에 영상 속에 드러나야 할 인물 정보나 연출 상황에 대한 조건을 입력하면 원하는 비디오 클립을 생성해 준다.

예를 들어 마케팅을 위한 광고 영상을 제작할 때 상품 데이터와 구매 대상 고객 정보를 입력하면 광고용 비디오가 자동 생성된다. 특정 관광지 소개를 위한 영상을 제작하고자 하는 경우, 인터넷상에 올라 온 여행지에 대한 설명과 그 장소를 다녀간 여행자들이 여러 플랫폼에 올려 둔 이미지와 비디오가 조합되어 관광지 소개 영상이 만들어진다.

영상 제작을 위해서도 많은 전문가와 출연자, 스태프가 필요하지만 영상을 편집하기 위해서도 센스 있는 고급 인력이 필요하다. 우리가 즐겨 보는 유튜브 플랫폼에서도 편집자의 기술이 조회 수에 상당한 영향을 미친다.

그러나 이제는 영상 편집 작업에도 AI 기술이 활용되고 있다. 영상의 화질이나 색감을 변경해 주고, 출연자의 음성을 분석해 자동으로 자막을 입력한다. 배경 음악, 효과음과 같은 음원의 삽입, 실제로 촬영에 참여하지 않은 새로운 인물을 삽입하는 등 사람이 하기에 상당한 시간이 걸리는 일을 금세 해낸다.

두 시간 가까이 되는 영화의 주요 부분만을 골라내어 1분 또는 10분 정도의 길이로 요약하여 편집해 주거나 특정 배우를 중심으로 편집해 주는 기술, 영상 일부에 포함된 상품의 로고나 브랜드의 노출을 방지하기 위해 모자이크를 넣어 주는 방식으로도 활용된다.

참고문헌

한국관광공사(2023). 반 고흐가 그린 한국의 모습은? 생성형 인공지능 제작 한국관광 홍보영상 공개 보도자료.

DALL-E(2024). Creating images from text 참조. https://openai.com/index/dall-e/

IBM(2024). *How generative AI can boost consumer marketing.* McKinsey & Company Report.
Spotify(2024). AI Voice Translation Pilot Means Your Favorite Podcasters Might Be Heard in Your Native Language

03
AI 콘텐츠의 혼동 문제

지금 이 순간에도 AI는 뉴스, 소설, 영상 등을 쉴 새 없이 만들고 있다. 정교한 AI 콘텐츠가 늘어나면서 이를 사람이 만든 것으로 믿는 경우가 있다. 오류를 포함하고 있는 AI 뉴스 기사가 인터넷 신문이나 소셜 미디어에 게시될 경우, 이용자는 이를 실제 정보로 오해하고 잘못된 사실을 공유하며 사회를 혼란에 빠트린다. AI와 인간의 창작물이 혼동될 때 생기는 문제와 그에 따른 영향을 알아본다.

AI와 난임 극복?

정보의 신뢰성과 정확성

이미 날씨, 주식, 야구나 축구 등 스토리 전개가 정형화된 뉴스 기사는 AI가 작성하고 있다. 그날그날 수집된 정보의 특징을 분석해서 자주 쓰는 표현 방식에 수치를 대입하여 글을 써 준다. 예를 들면 일기예보의 경우 "월요일은 대체로 맑다가 낮에 서쪽 지방부터 구름이 많아지겠다"라고 표현하고, 야구의 경우 "다섯 시간 가까이 연장 혈투가 이어졌지만 끝내 어느 팀도 웃지 못했다"라고 기사를 써 준다. 주식 시장의 경우 "○○투자증권(14,530원 ▲710 5.14%)이 52주 신고가를 경신했다. 전일 대비 4.27% 상승한 14,410원에 거래되고 있다"라고 알기 쉽게 정보를 요약해 준다.

AI가 인간을 대체하는 사례가 늘어나고 있다. 블로그, 소셜 미디어 게시물의 글도 생성형 AI 기술을 활용해 작성하는 경우가 많다. 물론 문법적 오류나 부자연스러운 표현이 반복된다면 이를 접하는 이용자는 글쓴이를 의심하겠지만, 그렇지 않고 자연스러운 표현이 이어진다면 큰 의심 없이 인간이 쓴 글이라고 믿을 것이다.

일부 전문가나 눈썰미가 좋은 이용자들을 제외하면 이와 같은 정교한 AI 콘텐츠를 구분하기가 쉽지 않다. 또한 AI는 자연스러운 표현 능력으로 그럴싸하게 결과물을 생산해 내더라도 단지 데이터를 학습하고 조합해 예측 기반으로 텍스트를 생성할 뿐, 본질적으로 사실을 '이해'하거나 '검증'하지 못하는 문제가 있다.

챗지피티가 만들어 낸 오류가 큰 화제가 된 사례가 있다. 당시 한 이용자는 "세종대왕이 맥북(노트북)을 집어 던진 사건에 대해 알려 줘"라고 물었고, 이에 챗지피티는 "조선왕조실록에 따르면…"이라는 문구를 시작으로 그럴싸한 글을 써 주었다. 이용자가 낸 짓궂은 질문에 챗지피티가 무리하게 답을 하려다 생긴 치명적인 실수였다.

AI 기술에 대한 의존이 심화되면서 예상되는 문제는 허위 정보 및 가짜 뉴스의 확산이다. AI 모델은 훈련 데이터에서 부정확한 정보를 학습하여 오류를 포함한 잘못된 결과물을 생성할 수 있다. 만약 오류를 포함하고 있는 AI 뉴스 기사가 인터넷 신문이나 소셜 미디어에 게시될 경우, 이용자는 이를 실제 정보로 오해하고 잘못된 사실을 공유하며 사회를 혼란에 빠트린다. 예를 들어 특정 선거를 앞두고 특정 후보에 대해 AI가 부정확한 정보를 생성해 퍼뜨리면, 우리의 민주주의는 위기에 빠질 수 있다.

현재 AI는 인간이 지닌 윤리적 기준까지 완벽하게 이해하고 학습할 수 없으므로 때로는 인종 차별적이거나 성차별적인 콘텐츠를 생성할 위험이 있다. 예를 들어 AI가 기존의 편향된 데이터를 학습하게 되면 이를 바탕으로 특정 인종이나 성별에 대한 편견을 반영한 2차 · 3차 콘텐츠를 생성할 수 있다. 이로 인해 AI 콘텐츠가 사회적 갈등을 일으키거나 특정 집단에 대한 부정적인 이미지를 만들어 내는 원인이 될 수 있다.

인간은 자신이 만든 콘텐츠에 대해 법적 · 윤리적 책임을 진다. 그러나 AI가 생성한 콘텐츠에 대한 책임은 누구에게 있는지 명확하지 않다는 문제가 있다. 생성형 AI를 개발한 자에게 책임을 물을 것인지, 생성형 AI를 악의적인 의도로 사용한 자에게 책임을 물을 것인지, 아니면 위험한 요소를 포함한 생성형 AI 콘텐츠가 검증 절차 없이 인터넷상에 공유되도록 한 SNS 등 플랫폼 기업에 책임을 물을 것인지에 대한 의견이 분분하다.

사회와 경제에 미치는 영향

생성형 AI가 인간이 수행하는 많은 작업을 대신할 수 있게 되면서 콘텐츠 제작 및 창작 산업에 큰 영향을 미치고 있다. 특히 AI와 인간이 생성한 콘텐츠가 혼동될 경우 이로 인해 발생하는 사회적 문제와 경제적 손실은 쉽게 산정하기 어렵다.

생성형 AI 기술의 특징은 적은 비용으로 전문적인 지식과 노하우를 포함한 결과물을 만들어 낼 수 있다는 점이다. 기존에 콘텐츠를 제작하기 위해 당연시되던 많은 전문가와 스태프는 AI 기술로 대체될 위험에 처해 있다. 콘텐츠 제작과 관련된 일자리 감소가 우려된다.

특히 AI가 인간을 대신하여 높은 수준의 콘텐츠를 만들어 낼 즈음에는 콘텐츠 제작자는 작가, 기자, 디자이너, 작곡가 등 창작 직군에 투입되는 인력과 비용을 줄이는 효율화를 추구하게 될 것이다. 그 결과 기존 전문가들의 업무에 투입되던 비용이 줄어들게 된다. 바꾸어 말하면 신기술의 등장으로 기존의 창작 기회가 감소하고 여러 전문가, 스태프의 참여가 줄어들게 된다. AI 기술로 인해 적은 비용으로도 가능해진 창작 방식은 긴 시간과 노력을 들여 인간이 해 오던 창작의 문화나 가치를 변화시킨다. 같은 맥락에서 AI가 만들어 낸 콘텐츠가 인간의 콘텐츠와 별다른 차이 없이 혼재되는 순간 인간이 만든 독창적인 콘텐츠에 부여해 오던 가치 요소는 위축될 수 있다.

AI 생성 콘텐츠가 인간의 콘텐츠와 혼동될 시점에는 소비자는 실제로 인간 고유의 감정이나 경험이 담긴 창작물과 기계가 생성한 콘텐츠를 구분하지 못하게 될 것이다. 다시 말해 수준 높은 AI 콘텐츠의 등장으로 지금까지 인간만이 만들어 온 콘텐츠에 대한 기대나 가치가 낮아질 수 있으며, 인간 창작물의 입지는 더더욱 줄어들 것이다.

저작권 침해 문제

우리가 일상생활에서 접하는 저작권 침해는 어떤 사람이 유명 가수의 노래를 마치 자신이 만든 것처럼 매우 흡사하게 따라 부르는 표절 행위를 뜻한다. 그림의 화풍, 소설의 유사한 스토리라인, 디자인 작품 등에서도 논란이 지속되어 왔다. 이러한 권리 침해에 관한 논쟁은 비단 어제오늘 일이 아니다.

유사한 논리로 AI가 특정 작가의 스타일을 모방하여 글을 작성할 경우, 원작자의 저작권을 침해하였다는 주장이나 표절 시비가 발생할 수 있다. 생성형 AI는 학습 데이터로 사용된 기존 창작물의 스타일을 따라 한다. 이는 인간 창작물의 고유한 스타일이 AI에 의해 모방되거나 재생산되는 문제를 초래하며, 저작권 침해와 표절 문제로 이어질 수 있다. 특히 예술가나 작가는 AI가 자신의 스타일을 모방한 작품을 만들어 내어 오히려 수입을 빼앗기는 상황을 우려할 수 있다.

앞으로 문화 예술계에서 AI가 작품을 생성하며 많은 활약을 할 것이다. AI가 인간 예술가의 스타일을 학습하여 반영하는 상황에 대비하여, AI가 생성한 콘텐츠가 과거 인간 예술가가 제작한 작품으로 오해되지 않도록 명확히 구별할 수 있는 도구가 필요한 순간이다.

더 나아가 AI 콘텐츠가 지니는 권리를 보호하고 인정해야 할 시점이 다가오고 있다. 현재 AI가 생성한 콘텐츠의 성숙도는 인간이 창작한 콘텐츠에 미치지 못한다는 것이 정론이지만, 향후 기술 수준이 진보함을 전제로 AI가 생성한 콘텐츠와 인간이 작성한 콘텐츠를 구별하기 어려운 시점이 도래할 것이다. 그럴 경우, AI 생성물과 권리에 대한 추가적인 고민이 생겨난다.

AI가 생성한 콘텐츠는 현재 우리나라의 저작권법으로는 특별히 보호되지 않는다. 그러나 가까운 미래에 AI가 창작한 콘텐츠가 저작권법이 명시하고 있는 저작물의 요건인 "인간의 사상이나 감정을 표현"한 부분을 포함한다면, 인간의 저작물처럼 AI 창작물 역시 보호해야 한다는 논리가 힘을 얻을 것이다.

AI 창작물이 저작물로 인정되고 인간과 동등한 권리를 부여받을 경우, 권리 주체에 대한 문제도 발생한다. AI 생성물은 창작자가 명확하지 않다는 문제가 있다. AI

생성 기술을 제공하는 기업에 권리가 부여되는 것인지 또는 해당 기술을 도구로 자신의 아이디어를 대입하여 최종적인 결과물을 만들어 낸 자에게 권리가 부여되는 것인지 논란이 있다.

따라서 AI가 생성한 콘텐츠가 인간의 저작물과 별다른 차이가 없게 될 경우를 대비하여 고민이 필요하다. 즉, AI 콘텐츠를 만든 제작자나 기업이 해당 콘텐츠에 대한 권리를 인정받게 된다면 인간의 창작물과 어떻게 구분할 것인지 기준과 방법을 설정해야 한다. 예를 들어 AI가 작성한 소설이나 음악의 경우 이러한 콘텐츠를 접하는 이용자가 손쉽게 AI 기술로 생성된 콘텐츠라는 점을 확인할 수 있어야 한다. 이를 위해 콘텐츠의 표지나 내용상에 워터마크 등을 표시하여 AI 생성물임을 알려 주는 방식이 있다.

참고문헌

소병수(2021). 소셜미디어상의 개인정보 활용과 보호−AI 채팅로봇 ‘이루다’의 개인정보 침해 사건을 중심으로. ≪인하법학≫, 제24권 제1호, 179∼207.

NHK(2023.8.24). AIが生み出す偽情報 ウィズフェイク時代をどう生きるか. https://www3.nhk.or.jp/news/html/20230824/k10014170

241000.html

Forbes(2024.7.31). 5 Common Generative AI Misconceptions. https://www.forbes.com/sites/bernardmarr/2024/07/30/generative-ai-myths-the-5-biggest-misunderstandings/

Nature(2024.10.23). Google unveils invisible 'watermark' for AI-generated text. https://www.nature.com/articles/d41586-024-03462-7

04
다양한 피해 사례

생성형 AI는 창의성과 신속성을 특징으로 큰 기대를 모으고 있다. 그러나 그 이면에는 가짜 뉴스, 권리 침해, 비윤리적 사용 등 다양한 문제가 공존한다. 최근 이슈가 되고 있는 딥페이크 기술은 음란물 합성은 물론 투자 유도 등 사기 범죄에도 이용되고 있다. 생성형 AI로 인해 발생하는 피해 사례들을 알아본다.

AI와 사주?

콘텐츠의 불법 합성

생성형 AI를 사용하면 누구나 쉽게 원하는 콘텐츠를 만들어 낼 수 있다. 최근 큰 이슈가 되고 있는 딥페이크[Deepfake, 딥러닝(deep learning)과 '가짜'를 의미하는 단어인 페이크(fake)의 합성어] 기술이 대표적이다. 이 기술은 하나의 영상 속에 출연 중인 인물을 다른 사람으로 교체하거나 영상과 전혀 무관한 새로운 인물을 넣을 수 있다. 그러나 이 기술을 개발한 당초의 목적과 다르게 활용되고 있어 문제가 되고 있다.

예를 들면, 특정 유명 인사의 얼굴과 목소리를 합성하여 가짜 영상을 제작하고 이를 유포하거나, 주변의 지인 또는 불특정 다수의 얼굴을 음란물에 삽입하는 문제가 있다. 이러한 콘텐츠는 영상 속에 본인 허락 없이 등장하는 인물의 명예를 훼손할 뿐만 아니라 인터넷 환경의 특성상 빠르게 유포되고 돌이킬 수 없는 심각한 범죄 행위로 이어진다.

선거철마다 생성형 AI를 이용해 특정 후보를 지지하거나 반대하는 허위 뉴스가 대거 생성되어 인터넷에 유포된다. 더 나아가 생성형 AI의 대표적인 기술인 음성 합성 기술을 이용해 특정인의 목소리를 모방하여 마치 해당 인물이 발언한 것처럼 꾸미는 일도 발생하고 있다. 이러한 조작된 정보는 해당 인물의 사회적 평판에 큰 피해를 줄 수 있으며, 중요한 선거를 앞두고 특정 후보에 대한 부정적인 내용을 접한 유권자들은 그릇된 판단에 이를 수 있다. 실제로 자극적인 내용으로 조작된 영상이 인터넷 커뮤니티 사이트나 SNS를 중심으로 유포된 사례는 우리 민주주의를 심각하게 위협하는 원인이 되었다.

2023년에는 국내의 일부 학생들이 선생님과 같은 반 학생의 얼굴을 딥페이크 기술로 음란물에 합성한 사건이 있었다. 문제에 가담한 학생은 1000명 이상이고 피해자는 그 수를 가늠하기 어렵다.

생성형 AI가 악용된 사례는 음란물 제작뿐만 아니라 사기 범죄도 있다. 유명인의 얼굴과 목소리 데이터를 수집하여 딥페이크 기술로 투자를 유도하는 경우다. 특히 텔레그램과 같이 이용자를 추적하기 어려운 플랫폼을 중심으로 딥페이크 합성 영상이 유포되면서 문제 발생 건수가 2020년 473건에서 2023년 5996건으로 급증했다. 이러한 플랫폼은 폐쇄적이고 기업이 해외에 있다는 특성상 빠른 대응이 쉽지 않다.

최근 등장한 생성형 AI 기술을 활용한 범죄에 대응하기 위해 예방 기술과 관련 제도가 속속 등장하고 있다. 우리나라 정부와 국회에서는 문제 해결과 피해자 지원을 위한 법률 개정을 추진하고 있지만, AI 기술이 새로운 범죄에 활용되는 일이 계속 이어지고 있는 상황인 만큼 각별한 주의와 정책적 노력이 필요한 상태다.

창작 윤리 문제

생성형 AI는 혁신적이고 창의적인 도구로 주목받고 있다. 그러나 이 기술의 고도화는 창작 윤리와 관련된 새로운 문제를 일으킨다. AI 기술을 활용해서 자신이 직접 창작하지 않은 결과물을 마치 자신이 직접 만든 것으로 믿게 하는 일이다. 흔히 학위 논문을 표절해 사회적 논란을 일으키는 일과 흡사한 경우라고 볼 수 있다.

생성형 AI의 발전은 창작의 새로운 가능성을 열었지만, 동시에 표절과 도용이라는 어두운 그림자를 드리우고 있다. 과거에는 시간과 노력을 들여 창작물을 제작해야 했지만, 이제는 AI의 도움을 받아 순식간에 결과물을 만들어 낼 수 있게 되었다. 문제는 이러한 편리함이 창작 윤리를 저버리는 행위로 이어질 수 있다는 점이다.

AI를 활용한 표절은 단순히 남의 아이디어를 베끼는 수준을 넘어 AI가 생성한 콘텐츠를 자신의 창작물인 것처럼 속이는 행위를 포함한다. 예를 들어 AI가 작성한 글이나 그림을 자신이 직접 만든 것처럼 발표하거나 AI가 생성한 음악을 편곡하여 자신의 곡인 것처럼 발표하는 경우가 있다. 이러한 행위는 창작 주체를 허위로 표시하는 것은 물론 사회 전체의 신뢰를 무너뜨린다.

더욱 심각한 문제는 AI의 도움을 받았음에도 불구하고 그 사실을 명확히 밝히지 않는 경우다. AI는 도구일 뿐이고 창작의 주체는 인간이다. AI의 도움을 받아 창작물을 만들었다면 그 사실을 솔직하게 밝혀야 한다. 하지만 많은 사람이 AI의 도움을 받았다는 사실을 숨기고 자신의 능력으로만 창작한 것처럼 포장한다. 이는 명백히 대중을 기만하는 행위이며 창작의 가치를 훼손하는 행위라고 볼 수 있다.

생성형 AI는 분명 유용한 도구이지만 올바르게 사용하지 않으면 윤리적인 문제를 야기할 수 있다. 우리는 AI를 활용하되 창작 윤리를 잊지 않아야 한다. AI의 도움을 받았다면 그 사실을 솔직하게 밝히고, AI가 생성한 콘텐츠를 자신의 창작물인 것처럼 속이는 행위를 하지 않아야 한다. 그래야만 생성형 AI가 창작 도구로서 올바르게 자리매김할 수 있을 것이다.

인간이 창작 과정의 일부에 관여하고 여기에 AI 기술을 활용하여 결과물을 완성한다면 해당 작품의 정확한 구분이나 성격이 불명확해진다. 이를 두고 인간이 만든 작품이라고 할 것인지, AI가 만든 작품이라고 할 것인지에 대해서 논란이 생길 수 있다. 또는 편의상 '하이브리드'라는 명칭으로 부를 수도 있다.

창작 과정에서 타인의 작품을 표절했으나, AI 기술을 활용해서 고의로 표절 시비에서 벗어나도록 재가공하는 방식도 있다. 이렇게 된다면 그럴싸하게 타인의 작품을 베낀 듯한 AI 콘텐츠가 넘쳐나게 되고, 자신의 작품에 대하여 적절한 가치를 인정받지 못하는 창작자들의 창작 의욕은 저하될 것이다.

이처럼 생성형 AI는 창작 주체의 불명확성으로 인한 윤리적 경계를 위협하는 그릇된 도구로 전락할 가능성이 있다. 위에서 언급한 피해 사례는 기술의 무분별한 사용이 얼마나 심각한 결과를 초래할 수 있는지 보여 준다. 앞으로의 기술 발전 과정에서 생성형 AI가 만들어 낸 콘텐츠를 확실히 구분하고, 윤리적 사용을 보장하기 위한 제도적 장치가 필요하다. 기술의 잠재력을 긍정적으로 활용하려면 창작 윤리 문제에 대한 깊은 논의와 대책이 우선되어야 한다.

개인 정보 침해 및 보안 문제

2025년 1월 말 중국의 생성형 AI 딥시크(DeepSeek)가

전 세계적으로 큰 화제가 되었다. 이 AI는 데이터 유출과 보안에 대한 우려가 크다는 이유로 정부 부처뿐만 아니라 민간 기업에서도 접속이 차단되었다.

생성형 AI는 빅데이터를 학습하여 텍스트나 이미지를 생성한다. 이 과정에서 개인 정보나 기업의 비밀 정보가 포함된 데이터가 사용될 수 있으며, 이러한 정보가 외부로 유출되는 경우에는 심각한 피해를 초래한다. 일부 챗지피티와 같은 생성형 AI는 이용자가 제공한 개인 정보나 기업의 내부 정보를 따로 저장하지 않는 시크릿모드를 제공하고 있지만, 이용자가 제공된 정보의 안전한 활용과 폐기에 대한 AI 기업의 설명을 곧이곧대로 믿기는 어려운 실정이다.

일반적으로 생성형 AI가 학습하는 데이터에는 제한이 없다. 그중에는 인터넷에 공개된 수많은 이용자 정보가 포함된다. 예를 들어 AI가 대학이나 공공 기관의 구성원 명단, 페이스북, 링크드인(LinkedIn)에서 수집한 데이터를 바탕으로 콘텐츠를 생성하는 경우 개인의 이름, 직업, 주소, 연락처 등의 정보가 얼마든지 포함될 수 있다.

실제로 2023년 국내의 '이루다'라는 챗봇 개발사에서도 비슷한 문제가 발생한 바 있다. 당시의 이루다 챗봇에게 "너는 누구니? 어디에 살아?"라고 질문했을 때 "내 이

름은 최병수. 서른여덟 살이고 집은 수원, 삼성전자 영업부에서 대리로 일해"라고 답했다. 즉, AI가 서비스 제공을 위해 다른 이용자에게서 수집한 정보 중 개인 정보나 민감한 정보가 서버에 그대로 남아 있다가 이후에 생성된 콘텐츠에 포함된 사례다. 이러한 방식으로 개인 정보나 민감한 정보가 외부로 유출되는 경우, 개인 정보 침해 문제 및 기업의 심각한 보안 문제로 이어진다.

최근 국내 기업도 생성형 AI에 기업 내부 데이터를 활용하여 업무를 수행하는 것을 금지하거나 생성형 AI 사용 자체를 금지하는 경우가 늘어나고 있다. 그 이유로는 기업이 제공한 콘텐츠가 서버에 남아 재사용되어 타인이 생성한 콘텐츠에 민감한 기업 정보가 포함되는 위험을 배제할 수 없기 때문이다.

참고문헌

건대신문(2024.10.16). "진짜 같은 가짜" 생성형 AI의 딜레마. https://popkon.konkuk.ac.kr/news/articleView.html?idxno=21977

경향신문(2024.9.8). 일상 덮친 딥페이크, 빅테크 규제 어쩌나. https://www.khan.co.kr/article/202409080900041

김민호·소병수(2024). 딥페이크의 합리적 규제방안. ≪토지공법연구≫, 제106집, 225~249.

뉴데일리 경제(2024.2.14). 세계는 '딥페이크'와 전쟁 중… 한국은 AI

규제 사각지대.
https://biz.newdaily.co.kr/site/data/html/2024/02/14/2024021400126.html
아시아경제(2024.7.1). '딥페이크' 범죄 등 생성형 AI 부작용… 책임은 이용자만?
https://www.asiae.co.kr/article/2024062713332948551
Fast Company(2024.8.28). OpenAI, Anthropic, and Meta: Tracking the lawsuits filed against the major AI companies.
https://www.fastcompany.com/91179905/openai-anthropic-and-meta-tracking-the-lawsuits-filed-against-the-major-ai-companies
Pinsent Masons(2024.4.29). Getty Images v Stability AI: the implications for UK copyright law and licensing.
https://www.pinsentmasons.com/out-law/analysis/getty-images-v-stability-ai-implications-copyright-law-licensing

05
워터마크란

워터마크란 정보의 보호가 필요한 문서에 추가되는 표시로 소유권 확인, 사실 인증, 출처 표기 등 여러 목적으로 사용된다. '보이는' 워터마크, '보이지 않는' 워터마크, '들리지 않는' 워터마크 등 종류도 다양하다. 워터마크의 기능과 의미, 적용 사례를 알아본다.

AI와 아이돌?

워터마크란?

워터마크(Watermark)는 사진이나 문서에 인위적으로 삽입된 표시로, '보이거나' 또는 '안 보이게' 정보의 출처를 표시해 주는 방법이다. 워터마크는 특정 문서나 콘텐츠가 어디에서 유래했는지 알려 주고, 불법 복제나 위조를 예방하는 수단으로 활용된다. 우리가 흔히 아는 워터마크는 문서의 인쇄 과정에서 표시되는 인쇄 시간, 인쇄한 사람 등으로 표현되며 화폐와 같이 진위를 쉽게 판단하기 위해 특정 위치에 숨은 그림이나 홀로그램 형태로 표시되는 경우를 말한다.

최근 활발히 논의되고 있는 디지털 워터마크는 사진, 영상, 오디오 등의 디지털 파일에 출처 정보를 보이게 표시하거나 투명한 상태로 삽입하는 방식을 의미한다. 이를 통해 원본 자료의 출처를 알리거나 저작권을 보호하며, 이용자가 워터마크를 통해 디지털 콘텐츠의 성격(예를 들어 "AI"라는 마크가 있다면 기계적으로 만들어진 것)을 쉽게 확인할 수 있도록 돕는다.

워터마크의 등장

워터마크의 기원은 13세기 이탈리아의 종이 제조 공정으로 거슬러 올라간다. 당시 종이 제작자들은 종이의 질을 높이고 위조를 방지하며 브랜드 인식을 높이기 위해 종이에 특정한 표시를 넣었다. 이러한 워터마크는 주로 고유한 상징이나 문양의 형태로, 일정한 압력과 수분을 가하여 종이에 보이도록 표시하는 방식이었다. 이는 당시 상업적, 사회적 요구에 따라 종이 품질을 증명하고 특정 제작자의 손길이 닿았음을 보증하는 데 쓰였다.

16세기 이후 워터마크는 공식 문서에 본격적으로 사용되기 시작했다. 정부에서 발행한 문서에 적용된 워터마크는 위조 방지를 위한 필수 수단이었으며, 국가 또는 공공 기관의 신뢰성을 높이는 역할을 해 왔다. 공문서에 워터마크를 적용함으로써 해당 문서가 진본임을 보증하고 위조된 문서와 구별할 수 있도록 돕는다.

워터마크의 종류

워터마크는 문서나 상품, 표지 등에 '보이는' 형태로 새겨지는 경우가 일반적이다. 회사에서 문서를 인쇄할 때 누가 언제 어디에서 인쇄하였는지 문서의 일부에 숫자나 문자 형태로 표시한다. 이처럼 눈에 쉽게 띄는 워터마크를 '보이는(Visible)' 워터마크라고 하며 이미지나 영상에 삽입된 로고, 텍스트를 보고 출처를 명확히 알 수 있는 형태로 되어 있다.

한편, '보이지 않는(Invisible)' 워터마크는 콘텐츠 품질을 저하시키지 않으면서 식별 정보를 삽입하는 방법이다. 또 인간의 귀로는 들리지 않는 특정 주파수(헤르츠, Hz) 대역에 출처 정보를 소리로 넣는 '들리지 않는(Inaudible)' 워터마크도 있다. 인간의 눈이나 귀로 확인할 수 없는 색, 소리, 코드(code) 등으로 만들어진 워터마크는 특수한 기계(렌즈)나 소프트웨어, 소리 측정기로 확인할 수 있다. 이러한 숨겨진 워터마크는 추가적인 디지털 신호 분석 기술이 필요하다.

워터마크의 주요 기능

워터마크는 여러 중요한 기능을 수행한다. 첫째로 중요한 기능은 '보안 강화'다. 문서에는 출처, 출력한 사람, 시간 등이 표시되는데, 이러한 정보가 표시되면 문서를 다루는 사람은 더욱 조심하게 된다. 그리고 문서 이용이 종료되면 담당자는 책임감을 가지고 이를 폐기해야 한다.

둘째로 중요한 기능은 '진품(original) 확인'이다. 워터마크가 뚜렷하지 않거나 훼손되었다면 이를 이상하게 생각하고 위조된 문서가 아닌지 의심을 품게 된다.

셋째로 중요한 기능은 '콘텐츠 보호'다. 콘텐츠를 만든 이는 자신의 작품을 보호하고, 불법 복제나 무단 사용을 방지하는 데 워터마크를 활용한다. 예를 들어 자신이 촬영한 디지털 사진에 희미한 워터마크를 삽입하면 해당 이미지의 출처나 소유자를 알아볼 수 있다. 또한 고객과의 검수 또는 확인 과정에서 콘텐츠에 촬영 회사의 로고나 문구를 넣어서 일시적으로 상품성을 떨어뜨리는 경우도 있다. 만약 워터마크를 변조하거나 제거한다면 무단 사용이 되어 저작권 침해의 근거 자료로 활용할 수 있다.

디지털 시대의 워터마크

수백 년 전 종이 제조 공정에서부터 시작하여 화폐, 문서 등 물리적 매체에 사용되어 온 워터마크는 이제 다양한 형태의 디지털 콘텐츠에 적용되고 있다. 디지털 콘텐츠의 특징은 복제와 유포가 용이하다는 점이다. 만약 콘텐츠가 함부로 인터넷상에 퍼지면 제작을 위해 들인 긴 시간과 수많은 노력은 빛이 바래게 된다. 따라서 콘텐츠 무단 복제나 공유를 방지하기 위해 디지털 파일 곳곳에 워터마크를 삽입하는 방식이 활용된다.

이처럼 워터마크는 디지털 시대에 정보의 소유권을 명시하거나 저작권을 보호하는 수단으로 큰 기대를 모으고 있다. 최근 AI가 만들어 낸 콘텐츠에 자동으로 워터마크를 넣어 주는 기술이 주목받고 있다. 소셜 미디어에서는 AI가 만들어 낸 콘텐츠가 인간이 만든 콘텐츠인 것처럼 위장되는 경우가 많다. 이때 해당 콘텐츠에 적용된 기술을 확인하기 위해 디지털 워터마크의 필요성은 더욱 강조되고 있다.

워터마크 기술은 추가적인 디지털 보안 기술과 결합하여 더욱 발전된 기술로 진화할 것으로 예상된다. 이를 위해 AI 기술을 활용하는 방안도 거론된다. 오랜 기간 활용되어 온 워터마크의 역할과 그 중요성은 디지털 시대에도 좋은 대안으로 떠오르고 있다. 콘텐츠 산업을 보호하고 육성하기 위한 도구로서 워터마크를 활용한다면 창작자는 창작 동기를 잃지 않을 것이고, 이용자가 느끼는 정보에 대한 신뢰성도 높여 줄 것이다.

참고문헌

박성일(2002). 특정된 주파수 신호를 이용한 오디오 워터마킹. ≪대한전기학회 학술대회≫, 2368~2372.

조정원(2006). 웹 콘텐츠의 저작권 보호를 위한 디지털 오디오 워터마킹 시스템. ≪한국산학기술학회 학술대회≫, 558~560.

한국정보통신기술협회 IT 용어사전. 워터마크의 기술적 정의. https://terms.tta.or.kr/dictionary/dictionaryView.do?subject=%EC%9B%8C%ED%84%B0%EB%A7%88%ED%81%AC

한국경제(2024.2.7.). “안 보여도 다 안다”…구글 이어 오픈AI도 워터마크 도입.
https://www.hankyung.com/article/202402070944i
URCODE(2024). 상품 진위 판별 등을 위해 사용되는 투명한 QR코드형 워터마크의 기술 소개.
http://urcode.com/what-i-urcode/

06
워터마크의 적용 사례

AI 기술로 생성된 콘텐츠가 늘어나면서 기존 저작물과의 구분이 중요해지고 있다. 또한 워터마크는 기밀 문서의 생성 및 유출 경로를 추적하는 데 중요한 역할을 하며 기업 구성원의 보안 의식을 높이는 데에도 효과적이다. 콘텐츠에 워터마크를 표시하면 이용자는 콘텐츠를 만든 것이 기계인지 아니면 인간인지 쉽게 구별할 수도 있다.

AI와 야구?

문서의 진위 표시

학교나 기업에서 외부에 제공하는 자료에 기관의 명칭이나 로고를 삽입하는 방식의 워터마크는 자료의 진본성을 증명하는 일반적인 수단이다. 예를 들어, 병원에서 촬영한 X-ray에 워터마크를 삽입하면 촬영 일시와 위치 등 의료 기관의 정보가 표시되어 자료 출처를 명확히 알 수 있다. 그러나 문서에 단순히 인쇄된 워터마크는 쉽게 위조될 수 있어 신뢰성이 낮고 단순 참고용에 그치는 경우가 많다.

이에 반해 화폐나 여권과 같은 공문서에 적용된 워터마크는 위조 방지 및 정보 생성자 식별에 중요한 역할을 한다. 이러한 공문서 워터마크는 여러 방향에서 기울여 보거나 특수한 불빛(자외선 등)에 비춰 보는 방식으로 나타나며, 특수 장비 없이는 쉽게 복제할 수 없도록 설계되었다. 따라서 공문서 워터마크는 해당 문서의 진위 여부를 강력하게 검증할 수 있는 효과적인 수단으로 기능한다.

이처럼 워터마크는 적용 방식과 기술 수준에 따라 신뢰도와 보안성이 크게 달라진다. 단순히 인쇄된 워터마크는 제한적인 효과를 가지지만, 복제 방지 기술이 적용되거나 특수 장비 확인이 필요한 워터마크는 높은 수준의 위조 방지 기능을 제공한다.

저작권 보호

일상에서 흔히 경험하는 졸업 사진, 웨딩 사진, 관광지 기념사진 등의 촬영 과정에서 워터마크가 사용되는 것을 볼 수 있다. 사진 촬영 기사는 최종 결과물을 고객에게 전달하기 전에 수정 작업을 거치며 고객과 중간 확인을 진행한다. 이때 촬영 기사는 소속 회사의 로고나 이름을 워터마크로 사진에 삽입하여 고객이 촬영료를 지급할 때까지 사진의 상품성을 낮춘다. 촬영료가 지급되면 워터마크를 제거하고 완전한 형태의 사진을 고객에게 전달한다.

이처럼 워터마크는 콘텐츠의 가치를 보호하는 데 활용된다. 영화 콘텐츠의 경우, 시청자의 아이디(ID)나 아이피(IP) 주소 등을 일정 시간마다 표시하는 워터마크가 삽입되기도 한다. 이는 불법 다운로드와 배포를 예방하고, 불법 유통 경로를 추적하여 문제 발생을 사전에 방지하는 데 도움을 준다. 최근에는 아주 작은 큐알 코드를 콘텐츠에 삽입하여 생성 정보를 알려 주거나 육안으로는 보이지 않는 투명 코드를 이미지 전체에 덮어씌우는 방법도 사용된다. 이러한 방식은 특수 렌즈나 검출용 애플리케이션을 통해 숨겨진 콘텐츠 출처 정보를 확인할 수 있도록 한다.

음원 콘텐츠에도 워터마크 기술이 활용된다. 노래나 오디오북과 같은 음원에 삽입된 소리 워터마크는 불법 복제 여부를 검출하는 데 사용된다. 이 워터마크는 인간의 귀에는 들리지 않는 특정 주파수 대역(Hz)의 소리 형태로 삽입되며, 이를 검출하기 위해서는 특수한 소프트웨어나 애플리케이션이 필요하다. 이러한 음원 워터마크 기술은 불법 복제로부터 창작자의 권리를 보호하는 데 기여한다.

정보 출처 표시

기업의 기밀 문서는 핵심 자산이므로 정보 유출 방지를 위한 철저한 관리는 필수다. 이러한 맥락에서 워터마크는 기밀 문서의 생성 및 유출 경로를 추적하는 데 중요한 역할을 한다. 기업은 기밀 문서에 워터마크를 삽입함으로써 누가 해당 문서를 생성했고 어떤 경로를 통해 외부로 반출되었는지 확인할 수 있다. 워터마크는 일반적으로 "홍길동, 사번 139809, 본사 프린터 309번, 2024. 11. 15. 14:31"과 같은 형태로 문서에 삽입된다.

이러한 워터마크 정보는 문서가 유출되었을 때 유출자를 특정하고 유출 경로를 추적하는 데 결정적인 단서를 제공한다. 예를 들어, 유출된 문서에서 워터마크 정보가 확인되면 해당 정보를 바탕으로 문서 생성자, 출력 장비, 출력 시간 등을 파악하여 유출 경로를 역추적할 수 있다. 이를 통해 기업은 정보 유출 사고의 원인을 신속하게 파악하고 재발 방지 대책을 수립할 수 있다.

또한 워터마크 삽입은 기업 구성원의 보안 의식을 높이는 데에도 효과적이다. 구성원들이 기밀 문서에 자신의 정보가 워터마크로 남겨진다는 사실을 인지하게 되면, 문서 보안에 책임감을 느끼고 정보 유출을 방지하기 위해 더욱 노력하게 된다. 워터마크는 문서 보안 시스템의 일부로서 구성원들에게 보안의 중요성을 상기시키고 안전한 정보 관리 습관을 형성하는 데 기여한다. 따라서 워터마크는 기밀 자료의 유출을 방지하고 기업 전체의 보안 수준을 강화하는 데 필수 요소로 자리매김하고 있다.

AI 콘텐츠의 표시

생성형 AI 기술의 발전으로 다양한 형태의 콘텐츠가 쏟아져 나오면서 AI 생성 콘텐츠를 식별하고 관리하는 워터마크 기술이 주목받고 있다. 워터마크는 AI가 생성한 콘텐츠임을 나타내는 표식으로, 콘텐츠의 신뢰성을 높이고 오남용을 방지하는 데 중요한 역할을 한다.

AI 워터마크 삽입 방식은 쉽게 눈에 보이는 가시적 워터마크와 눈에 보이지 않는 비가시적 워터마크로 나눌 수 있다. 가시적 워터마크는 생성된 이미지의 모서리나 배경에 AI 로고나 텍스트 형태로 삽입되어 사용자가 해당 콘텐츠가 AI에 의해 생성되었음을 쉽게 인지하도록 돕는다. 예를 들어, 삼성은 갤럭시 AI를 통해 생성된 이미지의 좌측 하단에 별 모양 AI 워터마크를 삽입하여 AI 기술이 활용되었다는 것을 명확히 한다. 오픈AI 역시 "AI-generated by OpenAI"와 같은 메시지를 콘텐츠에 삽입하여 출처를 밝힌다.

비가시적 워터마크는 콘텐츠 내에 숨겨진 형태로 삽입되어 일반 사용자는 인식하기 어렵지만, 특정 도구나 알고리즘을 통해 검출할 수 있다. 구글 딥마인드의 신스(Synth) ID는 AI 생성 콘텐츠에 보이지 않는 워터마크를 삽입하고 식별하는 도구로서 이미지, 오디오, 텍스트 등에 직접 삽입하여 AI 생성 여부를 식별하는 기능을 제공한다.

최근 딥페이크 기술의 악용이 심각한 사회 문제로 떠오르는 가운데, 딥페이크 영상에 AI 기술이 활용되었음을 나타내는 워터마크를 표시하는 것은 매우 중요하다. 이러한 워터마크는 이용자가 해당 정보가 허구라는 것을 인지하고 잘못된 정보에 현혹되지 않도록 돕는다. 또한 출처나 제작자를 표시하는 큐알 코드 방식의 워터마크를 콘텐츠에 삽입하면 딥페이크를 활용한 범죄 수사가 용이해지고 문제 예방에도 기여할 수 있다.

딥페이크 범죄를 방지하기 위한 설루션도 속속 소개되고 있다. 대표적으로 포렌식 워터마킹과 콘텐츠 유출 추적 기술이 있으며, 이는 디지털 콘텐츠에 삽입된 워터마크를 통해 불법 유출자를 추적하고 콘텐츠 불법 유통 경로를 식별하는 데 사용된다.

글의 형태로 된 콘텐츠의 경우, AI가 글 속에 미세하게 흔적을 남기는 방식으로 워터마크를 삽입한다. AI 기술로 생성된 글, 소설, 논문과 같은 텍스트 콘텐츠에 특정 키워드나 문구, 투명한 스페이스(Whitespace Encoding) 또는 제로폭 문자(Zero-width Characters)를 삽입하여 AI 생성 여부를 나타낸다. 이러한 방식을 통해 글을 읽는 독자에게 방해가 되지 않도록 겉으로 드러나지 않는 워터마크를 넣을 수 있다.

예를 들어 AI가 생성한 신문 기사나 소설의 텍스트 속에 육안으로는 보이지 않는 스페이스(공간)를 규칙적으로 집어넣은 후, AI의 글쓰기 특징을 검출하는 애플리케이션을 활용하여 텍스트를 분석하면 AI가 숨겨 놓은 워터마크를 찾아낼 수 있다. 실제로 미국의 스탠퍼드 대학 연구 팀은 챗지피티와 같은 채팅 AI가 만든 문장을 검출하는 '디텍트GPT(DetectGPT)'를 개발하기도 했다.

참고문헌

디지털데일리(2024.1.20). 갤럭시S24에 'AI 워터마크' 명시한 삼성…딥페이크 논란 피한다. https://m.ddaily.co.kr/page/view/2024012009145460890

조영복(2017). 의료정보의 진위를 판단하기 위한 도구로서 워터마크의 활용방안. ≪한국정보통신학회논문지≫, 제21권 제4호, 759~766.

한국저작권위원회(2024). 『디지털 워터마크(Digital Watermark) 산업 현황 보고서』.

androidcentral(2024.1.19). Unlike Google, Samsung will digitally watermark wallpapers and images made with AI. https://www.androidcentral.com/apps-software/samsung-adds-watermark-ai-generated-images-wallpapers

OpenAI(2024). Understanding the source of what we see and hear online. https://openai.com/index/understanding-the-source-of-what-we-see-and-hear-online/

The Open European University(2024. 6.27). Digital watermarking to prevent fraud: from medical images to fake news. https://www.uoc.edu/en/news/2024/digital-watermarking-to-protect-medical-documents

07
해외의 도입 사례

해외에서도 생성형 AI를 활용한 콘텐츠가 늘어나면서 우려의 목소리가 끊이지 않고 있다. 유엔과 세계보건기구에서는 민감한 데이터를 각 회원국과 공유할 때 '보이지 않는' 워터마크를 삽입하여 정보 유출 경로를 추적한다. 유엔 평화유지군 작전 관련 보고서나 WHO의 팬데믹 대응 계획서와 같이 민감도가 높은 문서에는 정보 보안 수준별로 다르게 표기되는 워터마크가 사용된다. 해외에서 주목받고 있는 워터마크 기술에 대하여 알아본다.

AI와 윤동주?

스트리밍 콘텐츠의 보호

2020년 봄, 코로나19 팬데믹은 콘텐츠 소비 방식에 큰 변화를 가져왔다. 영화관이나 공연장을 직접 방문하지 않고도 집에서 실시간 스트리밍으로 콘텐츠를 즐길 수 있게 되면서, 넷플릭스나 유튜브와 같은 플랫폼에서 콘텐츠 불법 유출 및 유포 문제가 심각하게 대두되었다. 이에 대응하여 미디어 업계는 워터마크 기술을 적극적으로 활용하여 불법 복제를 방지하고 저작권을 보호하고 있다.

콘텐츠 산업계에서도 스트리밍 콘텐츠의 불법 복제를 막기 위해 '보이는' 워터마크가 널리 사용된다. 미디어 제작사나 유통사는 콘텐츠의 특정 구간마다 워터마크를 삽입하여 저작권을 명확히 표시하고 불법 복제에 대한 경고를 보낸다.

영화 및 드라마 제작사는 개봉 전 내부 관계자나 평론가에게 제공되는 시사 영상에 워터마크를 삽입하는데, 이 워터마크는 영상을 제공받은 특정 개인 또는 단체를 식별할 수 있는 고유 정보를 포함한다. 영상 유출 시 책임자를 신속하게 파악할 수 있도록 하기 위함이다. HBO는 인기 드라마 〈왕좌의 게임〉 시즌 방영 당시 불법 유출을 막기 위해 모든 사전 배포 영상에 철저한 워터마크 관리를 적용한 바 있다. 이 방식은 영상의 모든 프레임에 워터마크를 삽입하는 것보다 효율적이며, 시청자 경험을 크게 해치지 않으면서 불법 유출자를 효과적으로 추적할 수 있다. 넷플릭스는 특정 영상이 온라인상에서 불법 공유될 경우, 워터마크 분석을 통해 해당 콘텐츠를 유출한 계정을 확인하고 신속하게 차단하거나 법적 조치를 취한다.

'보이지 않는' 투명 워터마크 역시 스트리밍 콘텐츠 보호에 활용된다. 디즈니는 주요 블록버스터 영화의 사전 시사회에서 '보이지 않는' 워터마크를 삽입한 영상을 배포하여 콘텐츠 보호에 힘쓰고 있다. 기능적으로는 보이는 워터마크와 동일하지만, 어느 구간에 워터마크가 숨겨져 있는지 알기 어렵다는 특징이 있다. 또한 인간의 청각으로는 감지하기 어려운 특정 대역(Hz)에 '들리지 않는' 워터마크도 사용된다.

스포티파이(Spotify)나 애플 뮤직과 같은 음악 스트리밍 서비스는 오디오 파일에 '들리지 않는' 워터마크를 삽입하여 콘텐츠를 보호한다. 이 기술은 음악 파일의 음질에 영향을 미치지 않으면서 각 파일에 고유한 식별자를 삽입하여 유출 경로를 추적할 수 있도록 한다. 최근에는 워터마크를 지능적으로 삽입하는 '적응형(adaptive)' 워터마크 기술도 등장했다.

콘텐츠 제공자는 콘텐츠를 제공할 때마다 이용자의 특징(개인, 기업, 학교, 기관 등)에 맞춰 고유 식별 정보를 콘텐츠에 실시간으로 삽입한다. 사용자가 의도적으로 화질을 낮추거나 영상을 왜곡하여 워터마크를 제거하려 해도 매번 불규칙한 방법과 다양한 구간에 워터마크를 삽입하여 콘텐츠를 보호한다. 이처럼 미디어 산업계는 다양한 워터마크 기술을 활용하여 인터넷 불법 유포 경로를 파악하고 문제 예방에 힘쓰고 있다.

제품의 보증

워터마크 기술은 단순한 저작권 보호 수단을 넘어 일상생활과 산업 전반에서 다양하게 활용되고 있다. 제품의 진품 여부 확인부터 유통 경로 추적, 디지털 콘텐츠 불법 복제 방지까지 워터마크는 판매자와 소비자 모두에게 신뢰를 제공하는 중요한 역할을 수행한다.

명품 패션 업계의 대표 주자인 루이비통은 상품의 진품 인증을 위해 보이지 않는 워터마크를 섬유나 가죽 내부에 삽입한다. 코카콜라는 상품 포장 면에 보이지 않는 로고와 고유 상품 번호를 기록하여 유통 경로를 꼼꼼하게 관리한다. 소비자가 상품에 의심을 느끼는 경우, 기업에 문의하여 해당 상품의 출처를 분석함으로써 진품 여부를 확인할 수 있다.

이처럼 워터마크 기술은 판매자와 소비자 간의 신뢰를 구축하고 불법 복제 여부를 확인하며 안전한 유통 환경을 조성하는 데 기여한다. 소프트웨어 기업, 특히 게임 제작사는 워터마크를 적극적으로 활용하고 있다. 게임 내 영상에 워터마크를 삽입하여 해당 게임 플레이 영상이 유튜브 등 플랫폼에 공유될 때 업로드한 이용자를 식별하고 저작권자의 권리를 보호한다. 연구 개발 단계에서 전문가 테스트 목적으로 배포된 게임 버전에는 '테스트용' 워터마크를 삽입하여 계약 조건 외 활용이나 게임 파일 무단 유출을 방지한다.

출판사 또한 자사의 디지털 콘텐츠에 워터마크를 활용한다. 전자책(E-book)과 같은 디지털 도서에는 무단 복제 방지를 위해 보이지 않는 워터마크를 삽입하고 워터마크에는 이용 시각, 사용자 ID, IP 주소 등의 정보가 포함되어 이용자를 특정할 수 있도록 한다.

이처럼 워터마크 기술은 도서뿐만 아니라 다양한 지식 콘텐츠의 불법 복제나 유포를 예방하고, 문제 발생 시 신속한 법적 조치를 가능하게 한다. 워터마크는 단순한 기술적 장치를 넘어 지식 재산권을 보호하고 건전한 디지털 콘텐츠 생태계를 조성하는 데 필수 요소로 자리 잡고 있다.

정보의 보호

정보 유출은 국가 안보와 공공 기관의 신뢰도를 훼손하는 심각한 문제이므로 철저한 보안 시스템 구축은 필수다. 워터마크는 이러한 보안 시스템의 핵심 요소로서 정보 유출 방지 및 유출 경로 추적에 중요한 역할을 한다. 특히, 비밀 유지가 중요한 환경에서는 워터마크가 더욱 효과적으로 활용된다.

미국 중앙정보국(CIA)과 같은 정보기관이나 국방부의 비밀 문서 관리 시스템은 워터마크를 통해 철저한 정보 관리를 수행한다. 비밀 문서에 고유한 워터마크를 삽입함으로써 유출 발생 시 언제, 누가, 어디에서 정보를 빼내었는지 그 과정을 정확하게 추적할 수 있다. 이는 국가 기밀 보호는 물론, 정보 유출로 인한 피해를 최소화하는 데 결정적인 역할을 한다.

유럽연합(EU)의 공공 기관 역시 내부 데이터베이스에서 다운로드된 파일이나 인쇄된 기밀 보고서에 '보이지 않는' 워터마크를 삽입한다. 이 워터마크는 데이터를 열람하거나 외부로 공유한 사용자를 식별할 수 있도록 설계되어, 민감한 정보 유출 시 최초 유출 경로를 추적하고 관련 책임자를 특정하는 데 활용된다.

유엔(UN)과 세계보건기구(WHO)에서도 민감한 데이터를 각 회원국과 공유할 때 '보이지 않는' 워터마크를 삽입하여 정보 유출 경로를 추적한다. 유엔 평화유지군 작전 관련 보고서나 WHO의 팬데믹 대응 계획서와 같이 민감도가 높은 문서에는 정보 보안 수준별(특급 · 1급 · 2급 비밀 정보)로 다르게 표기되는 워터마크가 사용된다. 허가받지 않은 개인이나 기관에 보안 문서가 유출된 경우, 워터마크는 유출 경로를 역추적하는 데 중요한 단서를 제공한다.

이처럼 워터마크는 정부 기관, 군사 조직 그리고 대규모 민감 데이터를 관리하는 공공 부문에서 정보 유출 방지와 기밀 유지를 위한 핵심 도구로 활용되고 있으며 정보 보안의 중요한 축을 담당하고 있다.

참고문헌

아시아경제(2024.2.7). AI 생성물에 워터마크 필수인 美·EU…한국은? https://www.asiae.co.kr/article/2024020614182877636

Bag Vault(2024). Verifying Authenticity: A Guide to Authenticating Louis Vuitton Products.

https://bagvault.com/verifying-authenticity-a-comprehensive-guide-to-authenticating-louis-vuitton-products

U.S. Department of Defense(2021). Use of Military Service Names, Insignia, or Other Marks on an Advertisement or Website. https://www.defense.gov/Contact/Help-Center/Article/Article/2795396/use-of-military-service-names-insignia-or-other-marks-on-an-advertisement-or-we/

08
국내의 제도와 정책

AI 기술은 디지털 콘텐츠 산업에서 중요한 역할을 하고 있으나 많은 사회적 우려를 낳고 있다. 국회에서는 딥페이크 등 생성형 AI 문제를 해결하기 위해 관련 법령의 개정을 추진하고 있다. 2026년 1월부터 「인공지능기본법」이 시행되면 가짜 뉴스와 딥페이크 콘텐츠 유포를 차단하고, 콘텐츠 소비자가 출처를 쉽게 식별할 수 있는 환경이 조성될 것으로 기대된다.

국내에서 기술의 안전한 이용을 위해 마련한 제도와 정책을 알아본다.

AI와 한의학?

콘텐츠 출처 확인

최근 국내에서도 AI 기술의 안전한 활용을 위하여 워터마크 기술 도입에 대한 논의를 시작하고 있다. 출처나 제작자가 불명확한 AI 콘텐츠에 누가, 언제, 어떤 프로그램을 사용하여 제작하였는지에 관한 정보를 워터마크 형태로 삽입하여, 사용자가 해당 콘텐츠가 AI에 의해 생성되었음을 손쉽게 확인할 수 있도록 돕는 것이다. 이와 같은 방법은 문제 발생 시 워터마크 정보를 활용하여 생성자를 추적하는 중요한 수단이 된다.

과학기술정보통신부, 문화체육관광부, 한국저작권보호원, 방송통신위원회 등은 AI와 디지털 시대에 적합한 저작권 보호 및 창작자 권익 증진을 위한 다양한 정책을 논의하고 있다. 나아가 글로벌 시장에서 국내 콘텐츠 보호를 위한 워터마크 표준이 수용될 수 있도록 정책을 개발하고 있다.

이러한 정책의 법적 근거로는 디지털 환경에서 발생하는 위협에 대응하기 위한 「인공지능기본법」이 있다. 이 법은 워터마크와 같은 기술적 조치를 포함하여 AI 생성물의 관리 및 안전성을 보장하기 위한 핵심적인 역할을 하는 근거가 된다.

또한 AI 기술 서비스에서 생성된 콘텐츠에 자동으로

워터마크를 삽입함으로써 불순한 의도로 제작된 콘텐츠를 효과적으로 예방하려는 시도도 있다. 워터마크가 제거되더라도 보이지 않는 투명 워터마크를 함께 삽입하여 콘텐츠의 출처와 생성 과정을 지속적으로 추적할 수 있도록 하는 방법이다. 이처럼 워터마크 기술을 복합적으로 적용하여 허위 정보 및 조작된 콘텐츠의 유포를 억제하고 AI 기술의 건전한 발전과 활용을 도모할 수 있다.

불법 활용 제한

딥페이크로 인한 허위 정보와 가짜 뉴스 문제는 우리 사회에 심각한 우려를 불러일으키고 있다. 이에 대응하기 위하여 정부에서도 워터마크 기술을 적극적으로 활용하는 방안을 고민하고 있다. 딥페이크는 특정 인물의 음성이나 얼굴을 조작하여 실제와 구별하기 어려운 콘텐츠를 제작하고, 개인의 명예를 훼손하거나 사회적 혼란을 초래했다. 특히 청소년들이 장난삼아 주변 지인이나 친구의 정보를 활용하는 일이 발생하면서 피해가 확대되었다. 이에 정부는 AI 생성물에 대한 투명성을 강화하고, 출처를 명확히 하기 위한 워터마크 제도를 도입하는 방안을 추진 중이다.

국회에서는 딥페이크 등 생성형 AI 문제를 해결하기

위해 관련 법령의 개정을 추진하고 있다. 특히 「인공지능기본법」을 기초로 하여 추가적인 법 개정을 통해 워터마크 활용 방식을 명문화하려는 시도가 있다.

이러한 우리나라의 제도와 정책은 딥페이크와 같은 불법 콘텐츠 및 가짜 뉴스 문제를 예방하고, AI 생성 콘텐츠의 신뢰성과 투명성을 강화하려는 목적을 가진다. AI 기술은 우리의 삶을 편리하게 해 주기도 하지만 한편으로는 특정 개인의 사생활을 침해하거나 명예를 훼손하기도 한다. 이를 위해 워터마크를 활용한 안전한 이용 체계 구축이 필요하다.

정부와 기업은 워터마크 삽입을 확산시켜 생성형 AI 콘텐츠의 책임성을 강화하고 불법적인 활용 사례를 방지할 수 있다. 또한 워터마크 기술은 법적 분쟁에서 증거 자료로 활용될 수 있어 공정한 분쟁 해결에 도움을 준다. 특히 방송통신심의위원회에서는 생성형 AI를 활용한 불법 콘텐츠의 유포에 대한 전문 감시 활동을 수행하고 있다. AI 콘텐츠에 워터마크를 삽입하면 이러한 감시 활동이 더욱 수월하게 이루어질 것이다. 또한 워터마크를 자동으로 식별하고 불법 사례를 조사하여 문제 예방을 위해 신속하게 대응할 수 있다.

2026년 1월부터 「인공지능기본법」이 시행되면 가짜

뉴스와 딥페이크 콘텐츠 유포를 차단하고 콘텐츠 소비자가 출처를 쉽게 식별할 수 있는 환경이 조성될 것으로 기대된다. 그러한 환경이 정비되는 과정에 워터마크 기술도 적절히 활용될 수 있다. 그 결과 AI 기술 활용에 대한 신뢰가 구축되어 창의적인 AI 활용 사례가 더욱 늘어날 전망이다.

저작권 보호

워터마크는 AI 생성 콘텐츠와 원본 콘텐츠를 구별하는 데 중요한 역할을 하며, 이는 저작권 침해를 예방하고 콘텐츠 제작자와 소비자 간의 신뢰를 증진하는 데 실질적인 도움을 준다. 특히 워터마크 기술은 AI가 생성한 콘텐츠의 출처를 명확히 함으로써 저작권 침해 사례를 감소시키고 콘텐츠의 무단 사용을 방지하는 데 기여한다. 워터마크 활용이 확대되면 AI 기술의 잠재적 부작용을 완화하고 더욱 안전하고 신뢰할 수 있는 디지털 환경을 조성하는 데 크게 기여할 것으로 예상된다. 궁극적으로 워터마크 기술은 생성형 AI 기술의 건전한 활용 문화를 정착시키고 국민과 기업 모두에게 이로운 환경을 제공할 것이다.

AI 생성물의 신뢰성을 확보하기 위해 우리나라 정부

는 2024년 11월 AI 안전연구소를 출범시켜 딥페이크와 사이버 공격 등 AI 오용과 악용으로 인한 다양한 위험에 체계적으로 대응하고 있다. 이 연구소는 AI 콘텐츠의 워터마크 준수 여부를 철저히 검증하며 불법 콘텐츠 유통을 감시하는 핵심적인 역할을 수행한다.

문화체육관광부와 한국저작권위원회는 AI 학습 데이터 및 생성물에 대한 저작권 관련 쟁점 해결을 위해 대국민 의견을 수렴하고, 수렴된 의견을 바탕으로 'AI 저작권 정책 방향'을 수립해 AI 생성물의 합법적인 이용 방안을 마련할 예정이다. 이러한 노력은 AI 기술의 윤리적 사용을 촉진하고 저작권 보호를 강화하는 데 중요한 역할을 할 것이다.

정부와 산업계는 생성형 AI 기술 개발 기업과 긴밀히 협력하여 워터마크 삽입 기술 도입을 적극적으로 확대하고, 관련 연구 개발(R&D) 투자를 늘려 더욱 효과적이고 안전한 기술을 개발하는 방안을 모색하고 있다. 생성형 AI는 인간의 창의성과 생산성을 증대시키는 혁신적인 잠재력을 지녔지만, 동시에 사회적 · 윤리적 문제를 야기할 수 있으며 이러한 문제 해결은 필수다. 워터마크 기술은 이러한 문제 해결에 효과적인 도구이므로 정부, 기업, 개인이 적극적으로 활용해야 한다.

또한 해외의 규제 도입 방식을 면밀히 참고하여 법적 · 기술적 · 사회적 정책을 마련해야 한다. 생성형 AI 개발의 책임성을 강화하고 지속 가능한 디지털 환경을 조성해야 할 것이다. 이를 위해 워터마크 기술은 AI 기술의 발전과 더불어 더욱 중요해질 것이며 건전한 AI 생태계를 구축하는 데 핵심적인 역할을 할 것이다.

참고문헌

국회입법예고(2024). 인공지능 발전과 산업 기반 조성 등에 관한 법률안. https://pal.assembly.go.kr/napal/search/lgsltpaSearch/view.do?lgsltPaId=PRC_Z2X4Y1F1E1F9D1D6C1D7K3L0J4I5J5

문화체육관광부(2024.6.3). 세계 저작권 전문가들이 생성형 인공지능과 저작권의 균형점을 모색한다. https://www.copyright.or.kr/notify/press-release/view.do?brdctsno=53025

아시아경제(2024.8.28). 과기정통부 "딥페이크 관련 생성형 AI 워터마크 제도 입법 추진". https://www.asiae.co.kr/article/2024082816590738454

연합뉴스(2023.8.25). 국내 AI 생성물에도 워터마크 붙인다…"딥페이크 등 부작용 최소화". https://www.yna.co.kr/view/AKR20230824136900017

한국저작권위원회(2023). 생성형AI 저작권 안내서.

09
워터마크 기술의 한계

워터마크는 콘텐츠의 저작권 보호 및 진위 여부를 증명하기 위해 다양한 방식으로 사용되어 왔다. 그러나 워터마크는 완벽한 기술이 아니다. 이미지와 비디오 콘텐츠의 경우 워터마크 삽입이 해상도나 색상 정보에 미세한 변화를 유발할 수 있다. 오디오 콘텐츠에서도 워터마크 삽입은 음질의 왜곡을 초래할 가능성이 있다. 워터마크 기술이 가진 한계를 설명한다.

AI와 화장품?

워터마크 제거 가능성

많은 전문가가 말하는 워터마크 기술의 취약점은 워터마크가 비교적 쉽게 제거되거나 변조될 수 있다는 것이다. 이미지나 비디오의 경우 필터링, 리샘플링, 크롭, 회전과 같은 간단한 편집 기법만으로도 워터마크를 무력화할 수 있다.

크롭(crop, 잘라 내기)은 워터마크가 삽입된 특정 영역을 제거하여 워터마크의 효과를 무력화하는 데 사용된다. 이미지나 비디오의 경우 워터마크는 픽셀 단위로 삽입되는데, 압축 과정에서 데이터가 손실되면 워터마크가 제거되거나 왜곡될 가능성이 크다. 물론 제이펙(JPEG) 압축의 경우 손실 압축 방식의 특성상 원본 콘텐츠의 품질이 다소 변화되더라도 워터마크가 훼손될 우려는 적다. 오디오 콘텐츠의 경우 콘텐츠에 랜덤 노이즈를 삽입하면 워터마크의 패턴이 손상되어 이를 감지하거나 추출하기 어렵게 된다.

디지털 콘텐츠에 보이지 않게 삽입되더라도 기술적으로 숙련된 사용자나 전용 도구를 사용하는 경우 워터마크를 탐지하고 제거하는 것이 가능하다.

인터넷에는 워터마크를 제거해 주는 사이트도 있다. 이러한 사이트는 워터마크를 자동으로 탐지하고 제거하는 알고리즘을 포함하고 있어 기술적 전문성이 없는 사용자도 쉽게 접근할 수 있다. 특히 오픈 소스 기반의 워터마크 제거 도구가 인터넷상에서 쉽게 접근 가능하다는 점은 워터마크 기술의 실효성을 약화하는 요인으로 작용한다. 이는 정보 보호, 저작권 침해 예방 등 근본적인 목적을 달성하는 데 방해가 된다.

워터마크 삽입으로 인한 품질 저하

워터마크는 콘텐츠에 데이터를 삽입하는 과정에서 원본의 품질에 일정 부분 영향을 준다. 특히 이미지와 비디오 콘텐츠의 경우 워터마크 삽입이 해상도나 색상 정보에 미세한 변화를 유발할 수 있다. 이로 인해 고품질 콘텐츠를 요구하는 산업에서는 워터마크 적용에 신중해야 한다.

워터마크 삽입은 콘텐츠의 픽셀값, 샘플값 또는 프레임 데이터를 수정하는 방식으로 이루어진다. 예를 들어, 이미지에서는 특정 픽셀의 색상이나 밝기를 약간 변경하여 워터마크를 삽입하고 이로 인해 시각적인 왜곡이 발생할 수 있다.

오디오 콘텐츠에서도 워터마크 삽입은 음질의 왜곡을 초래할 가능성이 있다. 특히 음악이나 음성 파일의 경우 음질 저하는 사용자 경험에 직접적인 영향을 미칠 수 있다. 이러한 품질 저하는 워터마크 기술을 적용할 때 고려해야 할 중요한 제한 요인으로 작용한다.

인간의 감각은 특정한 왜곡에 민감하게 반응한다. 예를 들어 이미지에서는 색상이나 밝기 변화가 눈에 띌 수 있고 오디오에서는 특정 대역의 왜곡이나 잡음이 쉽게 감지된다. 워터마크 삽입으로 인한 미세한 변경도 이러한 민감도 때문에 품질 저하로 느껴질 수 있다.

워터마크 기술은 디지털 콘텐츠의 저작권 보호와 진위 확인에 유용한 도구로 자리 잡았다. 그러나 워터마크 삽입 과정에서 원본 콘텐츠 이용을 방해하거나 상업적인 가치를 저하시킬 수 있다는 점은 이 기술의 중요한 한계로 지적된다. 워터마크 삽입으로 인해 발생하는 품질 저하는 이미지, 오디오, 비디오 등 콘텐츠 유형에 따라 다양한 형태로 나타나며 이는 콘텐츠 활용성과 사용자 경험에 부정적인 영향을 미칠 수 있다.

법적 강제의 한계

워터마크는 디지털 콘텐츠 보호를 위한 기술적 수단으로 널리 활용되고 있다. 그러나 워터마크는 기술적 장치일 뿐 법적으로 사용을 강제하거나 워터마크를 함부로 제거하는 행위에 대해 처벌할 수 없다. 법적 분쟁에서 워터마크가 중요한 증거로 사용되기도 하지만, 완전한 증거 능력으로 받아들여지기에는 어려움이 있다. 이는 새로운 기술 적용에 대한 법적 근거가 갖추어지지 않은 상황에서 비롯되며 워터마크의 강제력을 확보하기 위한 필수 조건이 된다.

워터마크는 디지털 콘텐츠의 출처를 증명하거나 저작권을 보호하기 위한 증거로 사용될 수 있다. 그러나 저작권법으로 워터마크의 법적 효력을 인정받기 위해서는 추가적인 논의가 필요하다. 워터마크가 법적으로 강제력을 충분히 발휘하지 못하면 저작권자가 디지털 콘텐츠를 보호하는 데 어려움을 겪을 수 있다. 특히 워터마크만을 기반으로 콘텐츠의 권리를 주장하려는 경우 법적 분쟁에서 불리한 위치에 놓일 수 있다.

워터마크가 콘텐츠에 삽입되어 있지 않다고 해서 해당 콘텐츠가 저작권 보호를 받지 않는 것은 아니다. 저작권은 창작물이 창작된 순간부터 발생하며, 워터마크는 이를 보조하는 기술일 뿐이다. 따라서 워터마크가 없거나 손상된 경우에도 저작권은 여전히 유효하지만 이를 입증하는 데 더 많은 노력이 요구된다.

국가마다 워터마크의 유효성에 대한 기준이 다르다. 미국이나 유럽에서는 워터마크를 신뢰할 수 있는 기술로 바라보고 있지만 일부 국가에서는 워터마크가 디지털 조작 가능성이 있다는 이유로 그 신뢰성을 그리 높게 평가하지 않는다. 이로 인해 국제적인 저작권 분쟁에서 워터마크의 효력은 제한적일 수 있다.

참고문헌

조선일보(2024.2.20). 딥페이크에 '꼬리표' 붙인다지만… "기준 없고 AI 지우개로 삭제하면 그만".
https://biz.chosun.com/it-science/ict/2024/02/20/TGOMSP2P4BCTJAZVMDV6IPUR3I/

지디넷(2024.3.4). "페이크냐, 범죄냐"…AI 본격 개화 속 규제 공백에 '혼란'.
https://zdnet.co.kr/view/?no=20240301215334

Microsoft(2024). 워터마크 제거 방법 소개.
https://support.microsoft.com/ko-kr/office/%EC%9B%8C%ED%84%B0%EB%A7%88%ED%81%AC-%EC%A0%9C%EA%B1%B0-636cc588-489d-46c4-a03f-07f3f4820029

10
워터마크 기술에 대한 기대

워터마크 기술은 디지털 콘텐츠 보호를 넘어 다양한 사회 문제를 해결할 수 있는 잠재력을 지니고 있다. 앞으로 워터마크는 저작권 보호와 같은 전통적인 역할을 넘어, 정보의 신뢰성과 안전성을 보장하는 등 디지털 시대의 다양한 문제를 해결하는 데 기여할 것이다.

종교와 AI?

진실과 거짓의 구별

디지털 환경에서 가짜 뉴스와 허위 정보의 확산은 현대 사회가 직면한 심각한 문제로 떠올랐다. 이는 개인과 사회에 혼란을 초래할 뿐만 아니라 신뢰를 기반으로 한 사회적 시스템을 위협한다. 가짜 뉴스, 딥페이크, 출처 불명의 정보는 정보의 신뢰성을 약화시키며 우리 사회를 혼란에 빠트린다.

이러한 문제를 해결하기 위하여 여러 예방 도구와 함께 워터마크 기술이 대안으로 논의되고 있다. 워터마크 기술은 신속함과 편리함을 장점으로 활용 가능성을 인정받고 있다. 언론사나 공신력 있는 정보 제공자는 기사, 영상, 이미지 등의 콘텐츠에 고유한 워터마크를 삽입해 해당 콘텐츠의 출처와 진위 여부를 알려 준다. 사용자는 이를 통해 정보의 출처를 신속히 검증할 수 있으며, 결과적으로 허위 정보의 확산을 차단하는 데 도움을 준다.

특히, 소셜 미디어 플랫폼에서는 워터마크를 자동으로 표시하는 방법을 도입해 콘텐츠 이용 환경을 개선하고 있다. 이러한 방식은 인터넷상의 정보를 더 신뢰할 수 있게 해 주고 가짜 뉴스 확산을 방지하는 데 큰 역할을 한다.

디지털 콘텐츠의 신뢰성을 확보하는 일은 단순히 허

위 정보를 구분하는 데 그치지 않는다. 이는 공정하고 투명한 디지털 생태계를 조성하기 위한 필수 과정이다. 신뢰할 수 있는 콘텐츠는 이용자의 만족도를 높이고 창작자에게는 정당한 보상을 제공하며 플랫폼 운영자에게는 장기적인 신뢰를 구축할 수 있는 기반을 제공한다. 워터마크 기술은 이러한 신뢰성을 강화하는 핵심 도구로, 디지털 사회의 지속 가능성과 발전을 촉진하는 데 중요한 역할을 하고 있다.

창작 동기의 보호

디지털 환경에서 창작 활동을 지속할 수 있는 동기를 부여하는 것은 매우 중요하며, 워터마크 기술은 창작자의 권리 보호를 넘어 창작 의욕을 고취하는 데 핵심적인 역할을 한다. 워터마크 기술은 디지털 환경에서 창작자와 이용자 간의 신뢰를 구축하고 공정한 생태계를 조성하는 데에도 중요한 역할을 한다. 창작자는 워터마크를 통해 자신의 권리를 보호받고 정당한 보상을 받을 수 있으며, 이용자는 출처가 명확히 표시된 콘텐츠를 선택할 수 있다. 그 결과 디지털 생태계는 지속 가능한 발전을 도모할 수 있다.

디지털화된 예술 작품은 불법 유통과 표절의 위험에

끊임없이 노출되어 있다. 그림, 음악, 사진, 영상 등 다양한 콘텐츠에 워터마크를 삽입하면 이러한 문제를 효과적으로 방지할 수 있다. 워터마크는 창작물의 제작 정보를 포함할 수 있으며, 불법 복제물이 발견될 경우 소유권을 명확히 증명할 수 있는 도구로 활용된다. 이는 창작자에게 정당한 권리를 보장하고 예술계에서 빈번히 발생하는 표절 문제를 줄이는 데 기여한다.

워터마크 기술은 디지털 창작 생태계를 조성하는 데 필수 요소로 자리매김하고 있다. 워터마크는 창작자가 자신의 작품에 대한 권리를 안전하게 행사하고 정당한 보상을 받을 수 있도록 지원함으로써, 창작 활동에 대한 긍정적 피드백을 제공하고 새로운 아이디어를 탐구하는 데 필요한 심리적 안정감을 제공한다.

워터마크는 창작자의 권리를 보호하는 가장 기본적인 수단이다. 텍스트, 이미지, 영상, 음악 등 다양한 콘텐츠에 고유한 워터마크를 삽입하면 해당 창작물이 특정 창작자에게 속한다는 사실을 알릴 수 있다. 특히 워터마크는 보이지 않는 형태로 콘텐츠에 삽입되어 사용자 경험을 방해하지 않으면서 불법 복제본이나 표절된 콘텐츠를 식별하는 데 유용하다.

워터마크 기술은 AI와 결합하면서 더 강력한 보호 수

단으로 발전하고 있다. 대량의 이미지나 영상을 스캔해 불법 복제본을 찾아내거나 워터마크 정보를 기반으로 원본 창작자를 식별하는 시스템이 등장하고 있다. 이는 복잡한 디지털 환경에서도 콘텐츠의 출처와 소유권 정보를 보호하는 역할을 한다. 워터마크 기술은 창작자가 자신의 창작물에 대한 통제력을 강화하고, 불법적인 사용으로부터 자신의 권리를 효과적으로 보호할 수 있는 환경을 제공받을 수 있도록 한다.

앞으로 워터마크 기술은 디지털 환경에서 창작자와 이용자 모두에게 중요한 보호 장치를 제공하고, 공정하고 투명한 콘텐츠 유통 환경을 조성하는 데 핵심적인 역할을 할 것이다. 워터마크 기술은 창작자에게 자신의 작품에 대한 권리를 효과적으로 보호할 수 있다는 믿음을 심어 주어 창작 활동에 대한 열정을 유지하고 새로운 아이디어를 탐구하는 데 긍정적인 영향을 미친다. 이는 창작자가 더욱 혁신적이고 창의적인 작품을 만들도록 장려하고 디지털 콘텐츠 산업의 발전과 혁신을 이끌어 내는 원동력이 된다. 이처럼 워터마크 기술은 창작 활동을 장려하고 디지털 콘텐츠 시장의 혁신에 중요한 기여를 할 것이다.

디지털 콘텐츠의 안전한 이용

디지털 콘텐츠는 누구나 쉽게 제작하고 공유할 수 있다는 장점이 있다. 하지만 해당 정보가 사실인지 여부를 쉽게 검증하기 어려운 경우가 많다. 이러한 특징으로 안전한 AI 콘텐츠 이용 환경을 조성하는 것이 시급한 과제가 되었다.

가짜 뉴스는 여론을 호도하고 사회적 갈등을 심화시키며, 조작된 이미지는 잘못된 정보를 확산시켜 개인의 판단을 흐리게 한다. 출처 불명의 데이터는 정책 결정에 혼란을 야기하고 기업의 의사 결정에도 부정적인 영향을 미칠 수 있다. 특히 사회적 이슈나 재난 상황 발생 시, 검증되지 않은 정보의 무분별한 확산은 심각한 사회적 혼란을 초래할 수 있다. 따라서 신뢰할 수 있는 디지털 콘텐츠 이용은 개인의 합리적인 의사 결정뿐만 아니라 사회 전체의 안정과 건전성을 유지하는 데 필수다.

디지털 콘텐츠의 안전한 이용을 보장하기 위해 워터마크 기술은 중요한 역할을 수행한다. 워터마크는 콘텐츠에 보이지 않는 정보를 삽입하여 출처와 소유권을 명확히 하는 기술로, 콘텐츠의 무단 도용 및 변조를 방지하는 데 효과적이다. 예를 들어, 언론사는 기사에 고유한 워터마크를 삽입하여 신뢰할 수 있는 출처임을 증명하고, 사진 작가는 자신의 작품에 워터마크를 삽입하여 저작권을 보호할 수 있다. 또한 영상 및 이미지에 워터마크를 적용하면 콘텐츠의 조작 여부를 판단하는 데 도움이 되며, 소셜 미디어 플랫폼은 워터마크가 삽입된 신뢰성 있는 콘텐츠를 강조 표시하거나 허위 정보 확산을 방지하기 위해 AI 기반 필터링 시스템과 연계하여 운영할 수 있다. 최근에는 메타(Meta)와 같은 대형 소셜 미디어 기업들이 이미지에 워터마크를 자동으로 추가하는 기능을 도입하여 저작권 보호 및 허위 정보 유포 방지에 적극적으로 나서고 있다.

AI 기술은 워터마크와 결합하여 디지털 콘텐츠의 안전성을 더욱 강화하는 데 기여한다. AI는 대량의 콘텐츠를 분석하여 가짜 뉴스와 조작된 이미지를 신속하게 식별하고, 워터마크 정보를 추적하여 원본 제작자를 식별하거나 콘텐츠의 변조 여부를 분석할 수 있다. 전자 상거래 분야에서는 워터마크가 상품 이미지에 출처를 명시하거나 진품 인증 정보를 삽입하여 가짜 상품 판매를 방지하고 소비자 신뢰를 구축하는 데 활용된다. 예를 들어 명품 브랜드는 자사 제품 이미지에 고유한 워터마크를 삽입하여 온라인상에서 유통되는 가짜 상품을 식별하고 소비자에게 정품 여부를 확인할 수 있도록 지원한다. 또한 블록체인 기술과 연계하여 워터마크의 위변조를 방지하고 콘텐츠의 유통 과정을 투명하게 추적할 수 있도록 하는 기술도 개발되고 있다.

이러한 점에 비추어 볼 때 워터마크 기술은 디지털 콘텐츠의 안전한 이용을 위한 유용한 도구이며, 이를 통해 우리는 더욱 안전하고 신뢰할 수 있는 디지털 환경을 구축할 수 있다. 더 나아가 공정하고 투명한 디지털 생태계를 조성하고 창작자와 소비자 모두에게 안전한 환경을 제공하는 데 기여할 것이다. 앞으로 워터마크 기술은 더욱 발전하여 디지털 콘텐츠의 신뢰성을 높이고, 안전하고 투명한 디지털 환경을 구축하는 데 핵심적인 역할을 할 것으로 기대된다.

참고문헌

배경율(2018). 고품질 스테레오 음악을 위한 오디오 워터마크 정보 삽입/추출 기술. ≪지능정보연구≫, 제24권 제2호, 21~35.

양현지(2024). 딥러닝을 활용한 디지털콘텐츠의 워터마크 보호 및 추적 시스템. ≪대한전기학회 학술대회≫, 2864~2865.

소병수

성균관대학교 법학과 일반대학원에서 박사 학위를 받았다. 행정법을 전공했고, 메인 연구 분야는 인공지능 기술의 안전한 활용과 육성 방안이다. 최근 1인 미디어와 가짜 뉴스 문제, 딥페이크 피해 예방, 생성형 AI로 인한 개인 정보 침해 등과 같은 시의성 있는 주제를 중심으로 연구를 진행했다. '생성형 AI와 워터마크'를 주제로 책을 발간하기 위해 미국과 일본의 워터마크 기술 전문가와 여러 차례 학문적 교류를 실시했다. 연구 분야는 IT 기술 이외에도 우리 사회에 큰 변화를 가져오는 사안을 함께 다루고 있다. 2020년 초, 코로나 19가 전 세계적으로 유행했던 시기 국민의 일상과 소상공인의 경제 활동에 큰 변화가 생겨났다. 특히, 전국을 대상으로 야간 영업 금지, 5인 이상 집합 금지 등 행정 명령이 발령되었고 이에 대한 사회적 파급력은 상당했다. 유례없는 상황에서 정부와 지방자치단체가 긴급행정명령을 발동하는 사례를 살펴보고 절차적 정당성, 기본권과의 충돌 여부에 대해 고찰했다. 현재는 미국과 일본, 국내의 공공 분야와 민간 분야에서 쌓은 경험을 바탕으로 해외 법제도와 주요국의 정책을 비교 분석하는 연구를 중점적으로 하고 있다. 해외의 규제 동향을 파악하고 국내에 참고가 될 만한 유익한 규제를 분석해 올바른 방향성을 제시하려고 노력하고 있다.